Craig Brackenridge

LET'S WRECK

**Plongée dans deux décennies
de Psychobilly britannique...**

Titre original
« LET'S WRECK »

Traduit de l'anglais (Écosse) par Alexis Brossollet

Merci à Roy Williams et aux Coffin Nails
pour l'autorisation d'utiliser ce titre pour ce livre.

Initialement publié en 2003 au Royaume-Uni par
STORMSCREEN PRODUCTIONS
Retford, Nottinghamshire DN22 0JL

- Tous droits de reproduction et d'adaptation réservés pour tous pays -

Cette édition © Alexis Brossollet
Paris 2014

Dépôt légal avril 2014
ISBN 979-10-92475-12-8

Note de l'auteur (2003)

Pour éviter toute gêne et confusion avant de continuer à tourner les pages de ce livre, veuillez noter qu'il a été écrit d'abord et surtout pour les vrais fans de Psychobilly et que j'ai donc tenté d'éviter, autant que possible, d'enfoncer les portes ouvertes. Je suis parti de l'hypothèse que cet assemblage hétéroclite de souvenirs jetés sur le papier n'intéresserait que les psychos d'hier et d'aujourd'hui et donc n'ai vu aucune plus-value à l'idée de rajouter des lignes de texte pour expliquer des choses évidentes, comme qui étaient les Meteors, l'importance du Klub Foot ou bien quand exactement (et où) eurent lieu les festivals de Hemsby, etc, etc.

Note du traducteur (2014)

Le traducteur, qui partage avec l'auteur certains référents culturels (si l'on peut dire) en ce qui concerne le Psychobilly, a néanmoins choisi de parfois fournir au lecteur francophone de courtes explications sur quelques unes des institutions spécifiquement britanniques, voire écossaises (comme la boisson Buckfast ou le groupe The Macc Lads) qui apparaissent dans la version originale et dont la notoriété n'a pas forcément franchi la Manche. Par ailleurs, comme dans les dix années depuis la première parution de ce livre la « renaissance » du Psychobilly s'est confirmée mais que ses origines se sont encore éloignées dans les limbes du temps, il a estimé que la traduction pourrait intéresser au-delà du cercle des fans les plus hardcore, et s'est permis ici et là d'annoter et même de commenter quand nécessaire.

DU MÊME AUTEUR

(en langue anglaise)

Cherry Red Books :

    Hell's Bent On Rockin' *2007*

Stormscreen Productions :

    Psychobilly - *Roman 2011*

    Vinyl Dementia : *2004*
    The Psychobilly
    & Trash record guide

    Apache Gold - *Roman 2013*

PROLOGUE

GLASGOW, FIN DES ANNÉES 80 : la nuit transpire et les Meteors sont en ville. La piste de danse de l'Union des Étudiants de l'Institut Universitaire Technique tremble sous les assauts de centaines de psychobillies qui s'en mettent plein la tronche à cœur-joie. Un mélange détonnant d'anciens punks, teddy-boys, skinheads et rockabillies, plus quelques pauvres types qui sautaient sur toutes les modes qui passaient, ont tous désormais revêtus la tenue de rigueur, et, le crâne surmonté de bananes délirantes, ils absorbent avec ferveur le son glorieux des Parrains du Psychobilly. La scène psycho est à son sommet, les tickets se sont vendus comme des petits pains et même les Goths et quelques rugbymen plus ou moins dotés de conscience commencent à s'intéresser au phénomène.

Au centre, juste devant la scène, une masse informe et grouillante de corps agglutinés, prenant leurs bras pour des fléaux d'armes (une nouvelle forme de sport de combat, communément appelée le *wrecking*) et leurs pieds pour des marteaux pneumatiques (le *stomping*) ; bref se lattant joyeusement pour pas un rond et adorant cela. C'est là que je suis, un sourire extatique accroché aux maxillaires malgré le franchissement fréquent du seuil de la douleur, torché comme une huître et écoutant l'un de mes groupes favoris crachant un rock'n'roll furieux à fond les ballons tout en échangeant des coups avec des douzaines de mes coreligionnaires : au Paradis.

Alors que la musique continue sur son rythme sans merci je trébuche et bascule vers l'avant mais suis promptement remis sur mes pieds. C'est l'ambiance générale du *wrecking pit*, la zone devant la scène où se déroule l'action, la fosse aux lions pour ainsi dire : mets leur sur la gueule jusqu'à ce qu'ils s'effondrent, mais ne les laisse pas tomber ! Mais cette fois, à peine ai-je atteint une position plus ou moins verticale que je repars subitement en arrière. Quelqu'un vient de nouveau à mon aide et me propulse en avant, mais je m'effondre comme une bûche – face à terre – contre... le sol ? un verre de bière ? la coque d'acier des pompes de l'un des autres agités ? On me ramasse comme un vieux sac et je m'extirpe enfin péniblement de la piste.

J'ai la tête froide et humide. Est-ce qu'un saligaud quelconque m'aurait balancé sa bière sur la tronche ? Mais comme je m'essuie le front je dois me rendre à l'évidence : ce n'est pas de la bière, c'est du sang qui me dégouline dans les yeux. Mes potes me traînent jusqu'aux cagoinsses et je me vois dans le miroir. La scène de bal dans « Carrie » me revient subitement en mémoire. Je pousse un jappement hystérique, qui se veut un rire héroïque, et m'effondre sur une chaise qui passe miraculeusement par là. Je demande si je vais mourir. Une ambulance m'amène à l'hôpital. « Il a un peu bu – peut-être une petite bagarre. » Pas d'anesthésie. Treize points de suture. PAF !

Bienvenue dans le *Wrecking Crew* !

1
PREMIERS PAS DANS L'UNIVERS DU PSYCHOBILLY

MA TRANSFORMATION EN PSYCHOBILLY pur jus s'est faite presque du jour au lendemain. Avant de connaître King Kurt et les Meteors, je me la jouais « indie » comme n'importe quel crevard qui se la pétait, avec une prédilection pour les Smiths et Echo & the Bunnymen. Auparavant j'avais touché au punk, puis un peu au mod, et j'avais même flirté avec de l'electropop comme Gary Numan ou A Flock Of Seagulls (oui je sais, ça fout la trouille). Mais c'est probablement pareil pour tous les adolescents boutonneux qui se cherchent désespérément une identité entre deux crises de branlette frénétique.

Mon look pré-Psychobilly consistait en une fausse banane informe, longue sur l'arrière et les côtés, tenant en place grâce à un apport massif de gel bon marché. Presque comme celle d'un vieux rocker des années 70' mais sans l'aspect vieux cuir dégueu. Je portais constamment un vieil imper bleu marine descendant aux genoux, un futal sorti d'une boutique pour clodos et (toujours, toujours, toujours) un T-shirt avec un pull à col en V. Je buvais du cidre (qu'il fallait qu'on achète pour moi parce que j'avais l'air trop jeune), fumais des roulées et des pétards et étais toujours aux aguets pour repérer les petites nanas au style indé. Timide, sensible... Mon cul, ouais !

Dès que le virus psycho a frappé, toute cette merde est partie immédiatement aux ordures. Et ça a commencé très exactement un soir de 1983, alors que j'étais vautré devant la télé pour ma dose hebdomadaire de « Top of the Pops ». J'avais toujours été un grand fan de musique, et à l'époque qui précédait MTV et les multiples chaînes du câble, TOTP était absolument essentiel : c'était la seule émission qui proposait de la musique à la télé anglaise. Et malgré l'absence notable de la plupart des bons groupes je m'y collais toujours religieusement, même s'il ne s'agissait que de hurler des insultes quand des groupes de daube comme Black Lace ou Modern Romance y faisait leur apparition.

Ce soir là c'était pathétique comme d'habitude jusqu'à ce King Kurt grimpe sur scène pour jouer *Destination Zululand*. Anticipant leur représentation *live* plutôt salissante, les responsables de la BBC avaient fait honneur à leur réputation de trous-duc' bien serrés en recouvrant tout le décor de bâches en plastique. Les Kurt bondissaient partout sur la scène, avec l'air d'être un tantinet à l'ouest dans cet environnement bien aseptisé, mais ça déchirait quand même grave dans une grande débauche de godillots et de bananes. J'étais complètement estomaqué. Après des années à voir défiler sur ce plateau des cohortes de groupes de tafioles bien peignées et bien propres sur elles, je n'arrivais pas à en croire mes yeux : est ce que les types de TOTP avait vraiment permis à cette bande de péquenauds libidineux de se montrer dans leur émission ? À ce jour, je n'ai encore jamais revu ce concert [1] (ma famille a été un peu tardive à se mettre au magnétoscope, et encore, on avait

---

[1] L'émission est bien entendu aujourd'hui disponible sur Youtube... Intéressante dichotomie entre les joueurs et le public payé pour danser...

acheté un Betamax), mais même si ce qui s'y est passé est un peu flou dans ma mémoire, l'impression qu'il m'a fait était si puissante qu'il aurait tout aussi bien pu avoir eu lieu hier. Putain, je ne savais pas ce que c'était mais il fallait que j'en sois ; pour une fois dans ma vie j'étais réduit (temporairement) au silence.

King Kurt était passé à TOTP un jeudi soir. Dès vendredi j'étais chez le coiffeur pour réclamer une *flat-top*[2]. Après avoir discuté avec mes amis de la très unique apparition télévisuelle du groupe, je fis un rapide passage chez un vendeur de jeans en gros, et me ruai au *Millets* pour une chemise à carreaux et une paire de Dr Martens. Je n'étais pas encore tout à fait au point pour les règles du style psycho, mais ça semblait être le bon choix et l'un des attraits les plus marquants de cette « mode », pour l'adolescent fauché que j'étais, a toujours été son coût ridiculement bas.

Je ne m'y suis jamais senti comme un passager clandestin, comme un type qui se rattrapait aux branches, parce que je savais tout simplement que c'était ce que j'avais tout le temps attendu : le rock'n'roll, le punk et la décadence, bien mélangé et bien agité. Inconsciemment, je devais en avoir entendu parler par les magazines musicaux que je lisais, et, même si je ne m'en souviens pas, j'avais bien dû croiser quelques uns des premiers psychos traînant dans les rues de Glasgow. Quelle qu'en soit la raison, je sentais que le genre était sur le point d'exploser et je voulais en être. Et je n'étais

---

[2] Cette coupe de cheveux en brosse courte et plate est la première étape vers le « tremplin » plus caractéristique des psychobillies confirmés.

pas seul, puisque mes bons potes Gas et Stix suivirent le même chemin, et que nous nous sommes rapidement acoquinés avec quelques autres types du coin avec les mêmes idées, dont Raymie qui est aujourd'hui encore un vieil *amigo*. À Cumbernauld, une ville nouvelle noyée dans le béton aux portes de Glasgow, une petite communauté Psychobilly prenait naissance.

À peine avais je été introduit au Psychobilly par King Kurt que Lorraine, la copine d'un de mes potes, me poussa plus loin encore sur la route de la destruction et de la ruine[3]. Elle étudiait à l'Institut d'Art de Dundee que nous visitions souvent. Et bien qu'elle soit aussi fan de Devo, un groupe de Yankees bizarroïdes, elle suivait de près la scène psycho naissante et surtout les Cramps et les Meteors[4]. À ce moment je ne savais pas grand chose sur aucun de ces deux groupes mais elle a eu vite fait de me mettre au jus.

Je me rappelle très bien le retour en bus après avoir passé le week-end chez elle. Tout le long du chemin, je gardais l'album des Meteors, « Wrecking Crew », dans les oreilles. Ça m'avait complètement renversé, j'étais si excité que j'avais l'impression de m'être envoyé une dose de speed et remuais incontrôlablement jusqu'à la maison. C'était exactement la décharge de Rock'n'Roll à fond les ballons que j'attendais. Quand j'ai enfin pu trouver leur premier album, « In Heaven », la sensation fut encore plus puissante et renforça ma conviction que quelque chose de grand se passait. À partir de là, je traquais autant de sons psychos que je pouvais me le permettre, avec la même passion qu'un putain d'obsédé sur la trace de la foufoune fraîche...

---

[3] *Road to wreck and ruin* : le titre d'une des chansons de King Kurt.
[4] Les Cramps, groupe américain fondé en 1976, n'est pas catalogué Psychobilly (plutôt garage/punkabilly, ou simplement 'Rock'n'Roll' pour ses propres leaders) mais est revendiqué comme inspiration par la majorité des groupes de Psycho.

2
L'ATTAQUE DES RAZORBACKS !

À PEU PRÈS AU MOMENT OÙ JE DÉCOUVRAIS le Psychobilly, deux copains d'école et moi avons décidé de former un groupe, les Evil Doods *(Les Sales Types)*. Pour essayer de nous distinguer de la masse nous avions aussi adopté des noms de scène... farfelus, qui permettaient en outre de camoufler notre manque de talent. L'éminente place de chanteur était occupée par votre serviteur, surnommé Stitch Beermat, « Dessous de verre » ; le batteur était mon meilleur ami, Stix O Wood alias « Macaque » et notre guitariste Gaz se déchaînait sous le pseudo de Wes Trousers. Nous jouions du punk standard, avec une touche de goth et aussi (très en avance sur l'époque) des samples et des boucles.

Au printemps 1985, après une série de concerts locaux, nous avons décroché une soirée à l'Institut d'Art de Dundee et les Evil Doods étaient enfin lancés sur la route. Pour nous c'était un grand moment puisque nous étions sûrs que tous les psychos de Dundee seraient là en force : ce serait la première fois que nous mettrions le pied (ou tout au moins le bout de l'orteil) dans la florissante scène psycho. Nous allions être au programme de la soirée aux côtés de tout un tas d'autres groupes psychos, goths ou alternatifs divers.

Pour ceux de mes lecteurs peu familiers de Dundee, il faut préciser que c'était dans les années 80 un bled sombre et intimidant. On lui a redonné un peu de lustre récemment avec le surnom de « Cité des Découvertes », mais à l'époque ça ressemblait plutôt au trou de balle de Calcutta. En tout cas, ce cœur obscur de l'Écosse abritait un nombre inquiétant de psychobillies, une bande dont les bananes monstrueuses et les nombreux tatouages semblaient déjà remonter à loin alors que la scène était globalement assez récente. Ces types faisaient déjà partie du noyau dur psycho quand King Kurt et les Meteors avaient sorti leurs premiers albums. Peut-être qu'ils avaient été pris dans une sorte de bizarre paradoxe spatio-temporel, ou bien peut-être est-ce tout simplement ma mémoire qui est largement attaquée, mais une chose est sûre, c'est qu'ils étaient les pionniers du Psychobilly en Écosse. C'est bien pour cette raison que nous ressentions le besoin de faire bonne impression à Dundee, mais nous avions négligé de prendre en considération deux facteurs pourtant majeurs :

a. Nous étions un groupe de chiotte en concert ;

b. Nous n'étions pas (encore) vraiment Psychobilly.

C'est vrai que nous avions déjà souvent joué autour de chez nous mais - et voilà un conseil utile pour tous les jeunes rockers ambitieux qui me lisent - vos amis vous disent toujours que vous jouez bien, même quand vous sortez de la merde en bâton. Donc, persuadés à tort que nous étions un bon groupe *live,* nous sommes montés ce soir là sur scène avec un mélange tiédasse de reprises de chansons rock'n'roll et de quelques unes de nos propres compositions bâclées. La plupart des morceaux se terminaient en une cacophonie de batterie et de guitares avec moi sur le dos, hurlant dans le micro. Les psychos de Dundee étaient si furieux de cette performance pitoyable et de notre pâle ersatz de Psychobilly que très vite ils ont ouvert la boite à baffes, et la castagne a commencé entre eux avant même que nous ayons terminé de jouer, une sorte d'échauffement en préalable au déchaînement de violence qui nous attendait à notre descente de scène. Nous avons été littéralement chassés de la salle avec des bouteilles qui volaient dans notre direction pendant que nous chargions le matos dans notre van pour retourner à Cumbernauld, la honte au front.

Après cet épisode peu glorieux qui marqua la fin des Evil Doods, Stix et moi étions fermement décidés à suivre plus fidèlement le format du Psychobilly, ce qui voulait dire que Gaz devait sagement retourner au dodo pendant que nous montions un autre groupe avec deux autres anciens copains d'école, Ali et Kev (alias Kev le Perv'). Ali était un guitariste en chambre époustouflant, mais son jeu de scène confinait malheureusement au néant : il bougeait à peine plus que ses doigts et ne regardait jamais le public. Kev était encore dans la phase de formation de sa carrière musicale mais montrait le talent d'un rocker-né en massacrant sa basse (électrique). Quelque mois nous suffirent pour trouver un nom, les Razorbacks, et pour décrocher nos premiers concerts locaux pendant la période des vacances du Nouvel An.

Au début, nous n'étions rien d'autre qu'un groupe de reprises sous speed, crachant à grande vitesse nos versions de *Johnny Be Good, Purple Haze, Shake, Rattle and Roll* ou de ce petit joyau de Cliff & the Shadows : *We Say Yeah*. Je parcourais frénétiquement la scène, déguisant mes capacités vocales très limitées sous une suite ininterrompue de hurlements. Stix maltraitait fanatiquement sa batterie, arrivant souvent à chanter et à danser tout en continuant à jouer. Kev adoptait les unes après les autres toutes les poses de rock-star connues, tandis qu'Ali ne bougeait pas de derrière son ampli mais tricotait ses riffs avec une précision diabolique. Nous jouions d'abord aux alentours de Cumbernauld, souvent comme groupe résident d'un pub alternatif, le Scabaret, tenu par l'acteur Stu 'Who' Henderson. Y passaient aussi en même temps toutes sortes de cracheurs de feu et d'autres débris sans espoirs, mais aussi quelques groupes promis à un meilleur avenir comme Craig Ferguson ou les crooneurs Hue & Cry. Bien qu'aujourd'hui Cumbernauld ait la réputation d'un désert culturel digne d'un jumelage avec Kaboul, à l'époque la scène alternative y était florissante et surtout il y avait un vaste public suffisamment large d'esprit pour apprécier nos versions psychos des grands classiques du rock. Nos apparitions attiraient également le petit contingent de psychos qui résidaient dans la ville ou ses environs immédiats. Un *wrecking pit* à six personnes se créait de temps à autre dans les moments les plus rapides de notre set, ce qui laissait pantois le reste du public qui contemplait nos potes se latter comme des bourrins pendant trois minutes avant de reprendre leurs conversations comme si de rien n'était.

Bien que beaucoup plus au point musicalement que les Evil Doods, les Razorbacks étaient encore loin du vrai Psychobilly. Comme Kev et Ali n'étaient franchement pas psycho, nos reprises présentaient un certain attrait pour les punks, Goths et hippies affamés de musique, ainsi que pour tous les ivrognes du coin.

Le logo des Razorbacks, d'un goût parfait. On a passé plus de temps à le concevoir qu'à écrire de nouvelles chansons...

J'étais moi-même, bien sûr, prêt à aller encore plus loin vers une certaine forme de puritanisme psycho, mais Ali n'était pas fana pour un changement de style et Kev ne jouait que pour lui-même. Stix se disait en faveur d'un son plus psycho, mais quand je lui suggérai de laisser tomber son kit de batterie à neuf pièces, de type résolument Heavy-métal, pour adopter un ensemble plus léger et plus Rockabilly, grosse caisse - caisse claire - tom basse, il recula d'horreur.

Malgré tout j'appréciais toujours les gigs des Razorbacks et notre mélange de reprises et d'originaux garantissait toujours un bon moment pour le public comme pour le groupe. En bonus pour moi, le fait qu'Ali appartenait à cette très rare catégorie des guitaristes immobiles m'avait amené à faire semblant de jouer sur une de mes vieilles guitares, élégamment décorée de l'inscription

Wipeout peinte à la main en travers. Je pouvais déconner à plein tube et simuler des riffs assassins. Mon raisonnement était que le bon peuple avait payé pour s'amuser, et pour le même prix nous leur donnions *et* le jeu de haut niveau d'Ali, *et* mon show frénétique. J'allais même jusqu'à planquer l'extrémité du fil de ma guitare quelque part derrière les amplis. De temps en temps il se baladait et trahissait mon jeu bidon mais personne n'avait l'air de m'en vouloir. Cela me permettait de remplir les temps morts entre deux couplets et nous pouvions jouer des instrumentaux classiques de surf comme *Pipeline* sans que je doive rester debout à rien faire avec l'air intelligent d'une bite surnuméraire dans une partouze.

Il y avait aussi pas très loin, à Stirling, un excellent groupe qui s'appelait les Four Walls Shaking. J'en sais très peu sur eux, pour ne les avoir vu qu'une seule fois un soir où nous faisions leur première partie au Albert Halls de Stirling, mais ils m'avaient fait une grosse impression. Il avaient un spectacle extrêmement dynamique et très psycho dans le style, ce qui a eu pour effet d'accroître ma frustration quant au son plus mainstream des Razorbacks. Je crois qu'ils avaient accompagné les Meteors sur leur tour « Wrecking Crew » dans notre province écossaise reculée, mais c'est bien tout ce que j'ai comme info.

L'une des raisons pour lesquelles ils n'ont pas joué un plus grand rôle dans l'histoire du Psychobilly tient peut-être au comportement notoirement inamical de leur groupe de fans de Stirling. À ce concert à l'Albert Halls, par une chaude soirée d'été de juin 1986, un bus de copains de Cumbernauld nous avait suivi pour nous soutenir. À peine étaient-ils rentrés dans la salle que les indigènes leur sont tombés dessus : poings dans la gueule, coups de Docs coquées et même quelques lames brandies. En infériorité numérique flagrante, nos supporters ont dû battre en retraite précipitamment pendant notre set, nous laissant rentrer chez nous par nos propres moyens. Après leur départ, faute d'autres adversaires, les bouseux de Stirling s'en sont du coup pris les uns aux autres. Heureusement notre concert est plutôt bien passé mais pour moi le souvenir de cette soirée restera toujours imprégné de cette atmosphère de bagarre de saloon dans l'Ouest sauvage. D'autres villes tout aussi accueillantes étaient Coatbridge, Greenock et Paisley... Et là comme ailleurs, pas l'ombre d'une groupie pour atténuer nos malheurs !

Le jour d'après, comme en remerciement pour nos fans, les Razorbacks ont joué leur meilleur concert de plein-air sur un terrain vague derrière l'Université de Cumbernauld. Ceux qui étaient venus avec nous la veille et s'étaient retrouvés du mauvais côté du manche ont pu se détendre et voir le spectacle tout en recherchant d'éventuels égarés venus de Stirling pour leur effacer le sourire.

À la même époque où les Razorbacks jouaient, Cumbernauld pouvait se vanter d'avoir un autre groupe de psycho, The Tombstones ou *Les Pierres Tombales*. C'était un trio de trois jeunes ex-skins, qui arboraient désormais une impeccable coiffure tremplin et étaient authentiquement Psychobilly, adhérant de façon stricte à un mélange musical des Cramps et des Meteors. Nous les avions entendus, à nos débuts, car nous répétions tous dans la même salle de MJC le vendredi soir, mais nous ne nous étions pas trop adressé la parole, probablement parce qu'ils devaient nous considérer comme une bande de pseudo-psychos foireux. Nous avions fini par nous rapprocher quand nous avions été programmés ensemble à la plus grande orgie de musique de rue jamais programmée dans la région de Cumbernauld : les (tristement célèbres) « Nuits de l'Anarchie » à Kilsyth. Deux soirées, deux seulement, restées légendaires pour ceux qui sont assez vieux pour s'en souvenir, comme un coup de tonnerre dans le morne paysage musical du coin. On aurait pu avoir l'impression que les fanatiques locaux de ce genre de musique tenaient à l'arrière d'une Vauxhall Viva[5], mais pour ces deux nuits, les statistiques ont été démenties et même les métalleux de toute la région ont participé une véritable débauche de sons : une avalanche de groupes Punk, Psychobilly et Oï dans la salle des fêtes dilapidée d'un club de foot cantonal. Kilsyth ressemblait à un hameau country-and-western, et bien qu'à quelques bornes à peine à l'ouest de Cumbernauld, il aurait tout aussi bien pu se trouver en plein Ouest américain.

La première des deux nuits nous n'étions là qu'en spectateurs, et nous avions l'impression de nous rendre pour la première fois dans l'enfer de la cambrousse. Où étaient les bandits et les Indiens ? Histoire de fêter ce dépaysement je m'étais torché au Buckfast[6] dans le bus et à peine arrivé je flanquais mon poing dans une des vitrines du centre sportif. Ah, le magnifique courage embrumé de la jeunesse !

La soirée elle-même a été une pure splendeur. Punks, psychos, goths et skins rassemblés - et tout un tas de jeunes femmes diversement alternatives. Je n'avais jamais vu cela, jamais rencontré autant de gens communiant dans la même ferveur au même endroit. Je me suis tellement éclaté que je n'ai absolument aucun souvenir des groupes qui ont pu jouer ce soir là. L'important était que la preuve était faite de la bonne santé de la scène de la musique de rue, et ce dans notre propre basse-cour...

En outre la soirée a constitué un tournant important de ma vie puisque j'y ai rencontré trois pignoufs du

---

[5] Soit l'équivalent en termes de taille, d'époque et de style, de la Peugeot 204...
[6] Apéritif à base de vin rouge renforcé par de la caféine et autres ingrédients, fabriqué d'abord par les moines bénédictins de l'abbaye du même nom à partir des années 1890 mais désormais généralement associé à toutes sortes de comportements anti-sociaux des jeunes Écossais...

coin à peu près au même point que moi dans leur exploration du mouvement Psychobilly. Bien que l'un d'entre eux fût un peu bourru et semblât manifester de vives dispositions à me rentrer dans le lard, les deux autres étaient amicaux et la conversation s'est vite engagée. Ils s'appelaient Rog, Stuart et Alan mais leur destinée les amèneraient à être bientôt connus sous les doux noms de Bob le Puma Noir, Tripney et Big Bert (ne me demandez pas pourquoi). Nous sommes vites devenus inséparables et à partir de ce moment là ils m'ont accompagnés à chaque moment de mon odyssée Psychobilly.

À la seconde (et dernière) Nuit de l'Anarchie, à peu près un mois plus tard, les Razorbacks étaient à l'affiche avec les Pierres Tombales, plus un groupe de Oï vraiment au point et le collectif Punk qui organisait la soirée. Encore une fois, la fréquentation était au maximum mais cette fois-là, l'aspect « *Anarchie* » semblait encore plus fort et l'endroit fut vite jonché de bouteilles cassées, de mobilier émietté et de mégots de pétards. On avait l'impression de naviguer en pleine tempête et c'était si chouette de jouer pour une telle meute de dégénérés variés que les videurs ont dû nous éjecter de force de la scène. Vers la fin de notre set je remarquais l'un des crânes rasés de la sécurité me faisant signe de faire mes adieux et de dégager. Au lieu de quoi je hurlais au batteur de se lancer dans notre interprétation du grand classique de surf instrumental *Wipeout* et nous étions repartis pour un tour. Les organisateurs éteignirent les lumières, nous jetèrent à bas de la scène et à travers la sortie de secours, faisant subir le même sort à notre matos quelques secondes plus tard.

Et dès le moment où les patrons du club de foot ont perçu l'étendue générale des dégâts, il était clair que les nuits musicales pour les groupes de l'Ouest Sauvage étaient terminées à Kylsith : la Cavalerie était arrivée !

Finalement, bien que nous ayons eu « tous » les ingrédients du succès : un logo du meilleur goût (une tête de cochon doté d'une banane), les T-shifts ornés du dit logo et même la caravane du Tour (le mini-bus de Stix), nous ne sommes arrivés à pas grand-chose. Après le départ de Kev nous avons fait quelques répètes avec un joueur de contrebasse du nom de Tally. C'était un bassiste du tonnerre avec de vrais racines Rockabilly mais ça n'a jamais vraiment pris avec la recette Razorback de mélange de Métal et de rock classique. Alors Kev est revenu pour nos quelques derniers concerts. Nous étions trop bruyants pour les gens normaux, mais pas vraiment dans le moule Psychobilly, et au bout d'un moment nous avons nous-mêmes perdu tout intérêt pour notre propre production. Bien des années plus tard, à un festival psycho, je suis tombé sur un groupe américain qui avait choisi le même nom. Ils jouaient un excellent Rock'n'Roll et avaient déjà plusieurs albums sous le coude ; notre brève heure de gloire comme les Razorbacks ne serait jamais donc plus qu'une petite note de bas de page dans l'histoire du Psychobilly...

Pour un court moment, Stix et moi nous sommes collés avec Walter et Smiffy des Pierres Tombales, pour former un groupe appelé The Electric Fits (presque un « supergroupe » de psycho à Cumbernauld !), au sein duquel nous partagions notre amour commun pour le Trash. C'était une excellente idée mais pour une raison que j'ai complètement oublié ça n'a mené à rien. Puis un autre groupe Trash, Mission Impossible, a suivi mais là encore j'ai beaucoup de mal à me souvenir de quoi que ce soit, sans doute parce que les membres du groupe passaient leur temps à tirer sur la beuh comme si les plantations du Haut-Atlas allaient disparaître du jour au le lendemain. Alors laissez moi vous donner un conseil, bande de jeunes crétins : votre mémoire à court terme peut être largement attaquée par... Qu'est-ce que je disais déjà?

Certes, mes expériences telles que je les décris ici peuvent vous sembler de la petite bière à l'échelle de la scène psycho britannique. Mais comprenez bien que pour un bled paumé comme Kilsyth, des soirées comme les deux nuits de l'Anarchie étaient une grande première, et que d'avoir deux ou trois groupes psycho dans un endroit comme Cumbernauld relevait du miracle. Si cela pouvait se passer dans des trous-du-cul du monde pareils, imaginez ce qui se passait ailleurs dans le pays ! À cette époque, on avait vraiment l'impression que le Psychobilly, et même tout un mouvement alternatif, allait démarrer comme le Punk en 76/77. C'était notre truc, franco de port, et les cyniques pouvaient faire la grimace tant qu'ils voulaient en disant que ce n'était qu'une énième resucée de punk et de rockab', on leur pissait joyeusement à la raie. Le Psycho commençait à s'imposer un peu partout, et les peine-à-jouir allergiques aux bananes, aux trem-plins et à la musique déjantée n'avaient plus qu'à s'y faire, ou à se faire emplumer.

Votre serviteur en concert au Scabaret, à Cumbernauld (1985)

3
DANS LA GRANDE VILLE

APRÈS LE *COÏTUS INTERRUPTUS* QUE REPRÉSENTAIT la fin abrupte des Nuits de l'Anarchie, l'idée de passer nos week-ends à Cumbernauld ne nous effleurait même plus. Le mieux qu'on pouvait désormais y trouver, c'était un coin au pub, avec quelques potes, mais cernés par les beaufs locaux et des *casuals*[7], avec en fond musical de la bouillie sonore. Pour ceux qui sont trop jeunes pour avoir connu cette époque, sachez bien qu'à la différence d'aujourd'hui les radios ne passaient jamais quoi que ce soit qui pouvait se revendiquer d'influence alternative, et que seuls les plus grosses merdes pops accédaient au TOP 40. Avec beaucoup de chance, on pouvait espérer entendre parfois un disque des Stray Cats. La scène psycho de Cumbernauld était déjà trop étriquée et c'en était fini de nos journées passées à se biturer au milieu des cons. Avec Raymie, Stix, nos nouvelles connaissances de Kilsyth et quelques-uns de leurs potes qui avaient encore la terre qui leur collaient aux pompes, nous nous sommes mis sur notre 31 – si l'on peut dire en ce qui concerne le look psycho notoirement décontracté –

---

[7] « Casuals »: mouvement et sub-culture typiquement britannique, datant du début des années 80, de fans de foot à tendance *hooligan* mais s'habillant de vêtements de marque pour échapper à l'attention de la police. Les *casuals* représentaient la première sub-culture à n'être pas associée à un genre musical particulier

et nous voilà partis pour la grande ville, Glasgow l'enfumée, *The Big Smoke*.

Quand la vague Psychobilly a submergé Glasgow, il y avait un endroit qui est vite devenu incontournable. Au début des années 80', Strutz était la Mecque du Stomping de la « Ville des durs-à-cuire[8] ». Engoncé sous la salle principale du fameux Barrowland, c'était essentiellement un entrepôt en forme de L, avec très peu de sièges et à peu près tout le décor 1930 d'origine, à moitié effacé. Visiblement quelqu'un avait compris que grâce à une habile combinaison de lumières faiblardes et à un flot ininterrompu d'alcool d'une part et de musique psycho et trash d'autre part, personne ne remarquerait que l'endroit ressemblait surtout à un abri anti-aérien endommagé par le Blitz.

Mais comme tout le monde se cognait du décor comme de sa première bignouze, le Strutz était devenu un point d'attraction bourré comme un œuf de dévots fervents de la nouvelle religion. Tout les vendredis, le sol tremblait, le sang giclait et l'air était si rempli des vapeurs mêlées de la bière et de la laque à cheveux qu'il en prenait une consistance vaguement vivante. Mes souvenirs du club sont un peu embrouillés (est ce vraiment surprenant ?) sauf pour la première soirée dont je me souviens avec précision.

Après avoir passé un premier rideau de videurs moroses et couturés de cicatrices qui gardaient la petite porte dissimulée dans un coin sur le côté de l'entrée principale, il fallait longer un long couloir dont l'une des parois consistait en un vieux miroir : excellente occasion pour un ultime contrôle de conformité de la coiffure, mené alors qu'au fur et à mesure de notre progression les pulsations de la sono devenaient de plus en plus

---

[8] *No mean City* : titre d'un roman de 1935 décrivant la vie (ou la survie) dans les bas-fonds de Glasgow.

brutales. Je me rappelle encore avoir été dépassé par le nombre ahurissant de psychos mâles et femelles qui remplissaient la salle : bananes et tremplins en-veux-tu-en-voilà, creepers, chemises à carreaux, T-shifts aux manches arrachées, jeans, cuirs, et puis des Docs, des Docs, des Docs à perte de vue ! Des psychos partout, assis, debout, dansant et picolant, riant ou chassant la greluche. Le mouvement était dans sa pleine phase de croissance et tout le monde était là. Nous n'étions plus tous seuls dans notre campagne. Quelques regards en coin, certes, pour accueillir les nouveaux venus, mais globalement c'était un bon esprit de communion qui prévalait.

Dans l'une de nos premières visites au Strutz, mes potes et moi avons branché trois filles qui sont devenues très vite partie intégrante de notre « formation » au psycho. Que tous ceux qui haïssent la collection Harlequin se rassurent : ce n'est pas ce que vous croyez. Quentin, Tracy et Lorna avaient à peu près notre âge et débutaient, comme nous, dans le milieu bourgeonnant du Psychobilly. Quentin avait cependant déjà terminé sa transformation en alpha-femelle psycho tandis que les deux autres étaient encore plutôt beat/alternatives. C'était bon de voir quelques figures aimables après les tronches que nous avaient réservées de prime abord les psychos de Glasgow, comme des clébards qui marquaient leur territoire ; après plusieurs rencontres au Strutz nous sommes devenus leur escorte lors de leurs sorties en ville. Comme elles étaient toutes les trois plutôt fraîches et craquantes elles attiraient les mecs comme le miel attire les mouches et nous ont introduit auprès de leurs potes, ce qui nous a permis de rencontrer la fine fleur du *crew* de Glasgow, en particulier ceux de Easterhouse qui répondaient aux sobriquets de Pat the Hat, Moorsy, Brian, Big Ian et Kev, surnommé la gerboise à cause de ses longues jambes, à ne pas confondre avec l'autre Kev, « le Perv' ». Ils étaient d'ailleurs, dans une moindre mesure, des outsiders comme nous, venant d'une des banlieues de la ville la mieux dotée en logements sociaux glauques au possible. Ils sont rapidement devenus de bons copains et nous ont rapidement fait découvrir les autres endroits plus ou moins pro-psycho comme le Vamps ou l'Union des Étudiants de l'Université de Strathclyde.

Ainsi les vendredis soir au Strutz étaient gravés dans le marbre mais les options restaient ouvertes pour le samedi. Je n'ai personnellement jamais vraiment accroché avec le Vamps. Alors que le Strutz était plus puritain dans son approche du stomping, le Vamps était plus orienté Goth avec une touche d'alternatif. Il attirait également une bonne dose de scootéristes, surtout d'anciens mods et skins qui semblaient avoir une dent contre l'émergence de la scène psycho. Rajoutez à cela les doses massives de colle qui y étaient sniffées dans les chiottes et vous comprendrez pourquoi l'endroit avait une atmosphère explosive qui dégénérait trop souvent en violence gratuite. Pour ne rien arranger, la boite se trouvait au dessus d'une autre, le *Vivas*, dont les clients appartenaient massivement aux genres honnis des *casuals* et des adorateurs du Top 40. Des attaques surprise se produisaient quand un groupe venant d'en dessous décidait d'en découdre brièvement avec ceux de l'étage (ou vice-versa) avant de redescendre se noyer dans la sécurité relative de leur camp retranché. Les patrons des deux clubs jonglaient avec les heures de fermeture pour éviter de déverser dans la rue au même moment deux hordes de clients antagonistes, mais c'était de peu d'effet : entre 2 et 3 heures du mat', dans la rue de l'Union à Glasgow, les psychos et les *neds*[9]

---

[9] Terme typiquement écossais, décrivant les jeunes Blancs délinquants et violents, aujourd'hui souvent habillés de survêtements : équivalent local (et d'origine locale) de la «racaille».

avaient pris pour habitude de confronter leurs opinions à grands coups de pied, de poings et de bouteilles.

L'autre option pour le samedi soir, qui deviendrait bientôt un must, était donc l'Union des Étudiants. L'Uni était une immense caverne haute de huit étages dotés de divers bars et abreuvoirs. Les psychos avaient établi leur antre au dernier étage, une salle immense qui doublait comme salle de concert. Bien sûr la plupart des groupes qui y jouaient étaient de la daube mais les Milkshakes, King Kurt et Spear of Destiny[10] y passaient à intervalles irréguliers. Je suis rentré une fois dans la salle pour découvrir que les excellentissimes Tall Boys y jouaient sans avoir été annoncés, et étaient déjà à la moitié de leur set. Et merde ! Dire que Nigel Lewis[11] et ses collègues déversaient leur glorieux son *garage* sur une salle à moitié pleine d'étudiants inintéressés alors que tous les psychos de Glasgow étaient pour une fois en train de picoler à l'un des bars des étages d'en dessous ! Pour une boîte de nuit, l'Uni était plutôt bien éclairée mais cela ne gênait pas trop et permettait de chouffer dès l'entrée le groupe compact de bananes squattant tout un côté de la piste de danse. Le repérage des filles s'en trouvait également facilité d'autant plus que la plus grande partie du contingent psycho féminin de Glasgow avait choisi cet endroit pour se remuer le popcorn. Plus d'une romance rock'n'roll a trouvé là naissance, et aussi étonnant que cela puisse paraître, certaines sont toujours vivantes aujourd'hui.

La bande-son du dernier étage comportait certes nombre de merdes pop et de tout venant sans compter d'affligeants moments de comédie comme *Star Trekkin'* ou *La*

---

[10] Groupe de rock anglais fondé en 1982, le fait qu'il n'ait rien à voir avec le Psychobilly témoigne sans nul doute de la largeur de vues de l'auteur...
[11] Nigel Lewis était surtout l'ancien contrebassiste et co-fondateur du groupe mythique les Meteors.

danse des Canards, mais y intégrait aussi suffisamment de morceaux de ska, de punk et de Psychobilly pour que nous puissions garder notre bonne humeur. Et pour couronner le tout, l'Uni se vantait aussi de posséder en ses murs glorieux une autre source de bonne musique dans un décor des plus spartiates, idéal pour toutes sortes de comportements déviants et résistant merveilleusement aux bières renversées : il s'agissait de la boite improvisé dans la salle servant dans la journée de cafétéria pour les étudiants, un véritable océan de tables en Formica et de chaises en plastique qui étaient collées aux murs le soir, alors que les guichets se fermaient et que les lumières s'éteignaient (presque), pour laisser place aux festivités. Cet espace tanguait régulièrement aux rythmes du Ska, du punk et du Trash sans oublier le Psychobilly et le garage des années 60. C'est là que j'ai été introduit aux Sonics, à Count Five et aux joies de tous les autres groupes éparpillés sur les compilations « Nuggets » et « Pebbles » (parmi les meilleures jamais sorties)[12]. Ils poussaient aussi leur *vibe* garage à sa conclusion logique en passant le Velvet Underground, les MC5 et les Stooges. Du coup l'audience, assez variée, rassemblait des gens capables de bien s'entendre pour la soirée, soit ceux déjà cités auxquels s'ajoutaient des goths et les fans des groupes connus à l'époque comme « ceux qui mataient leurs pompes »[13], nombreux à Glasgow.

---

[12] Compilations célèbres rassemblant les groupes américains des années 60 appartenant au genre garage/trash. Les deux groupes cités méritent mention, car auteurs de chansons reprises par les Cramps et nombres de groupes psycho à leur suite : *Strychnine* pour les Sonics (également auteurs de ... *Psycho*) et *Psychotic reaction* pour Count Five.
[13] « Shoe-gazing community » : il s'agit de groupes alternatifs dont les guitaristes avaient tendance à garder la tête baissée, en général pour surveiller la pédale d'effets : inspirés par divers groupes comme Sonic Youth ou Jesus and Mary Chain, ils suivaient dans les traces de My Bloody Valentine (fondé en 1983) et avaient un son particulièrement saturé et distordu.

Si problème il y avait, il venait en général d'un *casual* égaré qui comprenait vite son erreur ou bien d'une bande de rugbymen en troisième mi-temps. Je me rappelle très bien une fois ou deux rockab' en notre compagnie ont réussi à assommer un abruti qui s'en était verbalement pris à l'une de nos plus mignonnes psychettes, puis à disposer le mobilier de façon à ce que les videurs puisse conclure que le type avait malencontreusement fait une mauvaise chute de son tabouret... après tout, les accidents peuvent arriver.

D'ailleurs les gars de la sécu nous laissaient généralement la paix, ou du moins évitaient d'user de violence disproportionnée. Malgré leur look de boxeurs approchant de l'âge de la retraite, ils disposaient d'encore suffisamment de neurones pour pouvoir distinguer une petite séance d'expression corporelle bon enfant d'une baston trop vicieuse. Je ne me rappelle qu'une seule occasion où l'un d'eux ait pété un câble, et c'était après que je me sois fait jeter avec l'un de mes potes. Celui-ci (dont je protègerai l'anonymat) a commis l'erreur de se retourner vers le chef de meute et de le traiter fort et clair de « Pompe à nœuds!» Le molosse, bien qu'habitué aux insultes standard (enculé, connard et gros porc, etc), est devenu enragé d'un seul coup et a presque failli avoir une attaque sur place.

Il y avait comme de bien entendu un verso à la médaille : pour pouvoir pénétrer dans ce centre névralgique de la vie à la sauce Psychobilly de Glasgow, il fallait être « parrainé » par un véritable étudiant. Comme très peu d'entre nous s'étaient laissés aller à subir une éducation supérieure, nous devions arrêter des étudiants dans la rue (à cette époque ils étaient facilement reconnaissables) et leur demander gentiment si nous pouvions être leurs « hôtes ». Cela pouvait prendre des formes différentes, allant de la menace sous-entendue à l'adoption de la posture du type sympa, du moins jusqu'à ce que nous soyons effectivement rentrés. Il y avait donc un certain esprit de compétition dans le processus, la meute de psychos traînant à l'extérieur de la boite, harcelant le populo, jusqu'à ce qu'un par un, ils puissent pénétrer accéder au Paradis : chaleur, bière et musique, le dernier rentré gratifiant généralement ses congénères toujours en train de se geler le cul à l'extérieur comme des putains de lépreux d'un beau doigt d'honneur. Être l'un des derniers à accéder au saint-des-saints constituait une sensation semblable à celle qu'éprouve le plus mauvais joueur de foot du collège au moment de la constitution des équipes. Et bien qu'en définitive, chacun arrivait presque toujours à ses fins, c'était quand même pas la meilleure façon de commencer une soirée. Le problème était bien sûr que le nombre d'étudiants prêts à « sponsoriser » un psych' en inscrivant son nom à côté du sien sur le registre des entrées n'était pas très élevé parce qu'ils risquaient d'être tenus pour responsables par défaut si l'invité foutait le bordel une fois à l'intérieur. Mais ce système, censé prévenir les esclandres, avait ses failles car il nous suffisait de trouver une autre victime la semaine d'après. Et finalement le Puma Noir nous a permis de mettre fin à ce cirque quand il a dégoté un job dans une imprimerie et nous a généreusement approvisionné avec un stock de fausses cartes d'étudiants.

Au total donc, Glasgow à cette époque avait beaucoup à offrir à des psychos en quête d'action les vendredis et samedis soir – et entre les deux il y avait toujours le Hurricane's. C'était un bar minuscule coincé au sous-sol d'un immeuble de bureaux de style victorien, dans le quartier d'affaires de la ville qui, bien que situé à à peine quelques minutes à pied du centre-ville, était complètement mort hors heures ouvrables, à part l'intérieur du bar bien entendu. En avançant dans cette lugubre rue on tombait sur une enseigne minuscule qui scintillait à la hauteur des genoux et il fallait alors descendre une petite volée de marches pour accéder au bar. Je n'ai aucune idée de quand ou comment le Hurricane's est devenu le rendez-vous de tout ce que Glasgow comptait d'alternatifs, mais mes potes et moi l'avons découvert très peu de temps après notre première soirée au Strutz, après quoi nous y avons passé l'essentiel de nos soirées du jeudi au dimanche jusqu'à ce qu'il doive fermer ses portes.

    C'était pour moi le premier endroit ou j'ai eu le sentiment d'être un « habitué » ; l'atmosphère était toujours vibrante et sans embrouilles, et j'y ai rencontré plein de types qui sont toujours des copains aujourd'hui. Le bar était bas de plafond et microscopique - huit tables et deux urinoirs - mais arrivait d'une façon ou d'une autre à accommoder la plupart des punks, skins, psychos et Goths qui s'y entassaient alors que les frimeurs et les minets qui d'aventure s'y présentaient étaient envoyés plus loin au « Rock Garden », repaire des adeptes de boys-bands à cheveux permanentés comme Hipsway Love et Money & the Bluebells. Bizarrement, les proprios du bar n'avaient jamais activement cherché la clientèle que nous formions et la musique qu'ils passaient était insignifiante ; mais ce n'était pas grave car nous n'étions là que pour la bibine et pour pouvoir discuter tranquillement avec nos potes avant d'aller en boîte, où le bruit ne nous laissait d'autre choix que de hurler ou danser. Au bout d'un moment on finissait par y connaître la plupart des clients, ce qui était assez rare pour le centre de Glasgow, rempli de bars où descendait toute la jeunesse de la région. Le Hurricane's était donc devenu l'étape essentielle des débuts de soirées, et, après un échauffement le jeudi soir, les choses sérieuses y commençaient le vendredi midi, s'étalant jusqu'à la fermeture du dimanche soir et permettant de rester immergé presque en continu dans la scène psycho de notre métropole.

4
ENVOYEZ LA MÜZIK
La bande-son des débuts

BIEN QUE CE LIVRE N'AIT PAS ÉTÉ CONÇU comme une histoire du Psychobilly en tant que mouvement musical, il me semble qu'il serait ridicule de ne pas mentionner au minimum certains albums majeurs de la scène, c'est à dire, à mon goût, quelques premiers disques et une poignée de compils d'avant-garde.

Voyons la réalité en face... La musique mainstream des années 80 était de la merde en bâton. Chaque fois que je vois à la télé une de ces pubs pour une compil de tubes de l'époque il me vient l'envie frénétique de me torcher le cul sur l'écran. Je suis pris de suées et de tremblements quand je réalise que l'electro-pop pasteurisée aurait pu être la bande-son de ma vie sans l'intervention d'une Puissance supérieure. J'avais, comme tous les autres losers, pris un aller simple vers l'insignifiance, avec des fringues pastel style Miami Vice et des mèches décolorées, en écoutant des saloperies sans âme sur le Top 40. Mais j'ai été SAUVÉ, mes frères et mes sœurs ! SAUVÉ, Alléluia ! SAUVÉ ! Remuez-vous les fesses ! par ce monstre musical quasi-mythique qu'à été la révolution qui nous a amené le Psychobilly et le Trash.

Dieu merci, une nouvelle race de groupes a surgi comme un putain d'urticaire sur la tronche de l'industrie musicale, ou, pour être un peu plus positif, leurs vinyles brillaient comme des diamants dans un tas de fumier ; rétrospectivement (quand on est un vieux con comme moi) c'est plus facile de comprendre l'importance de ces premières sorties. La plupart des monuments du Psychobilly étaient des premiers albums exceptionnels (ou des compilations cultivant un remarquable esprit pionnier), et aucun n'a contribué à lancer un genre musical avec autant de style que celui des Meteors, « In Heaven », en 1981.

**Les signes d'une folle jeunesse
gaspillée à... quoi déjà?**

Je ne crois pas qu'il soit vraiment nécessaire de mentionner une seule des pistes de ce disque car toutes sont d'inoubliables classiques. Tout le monde doit reconnaître que même les meilleurs albums ont quelques chansons un peu plus faibles mais celui ci... *All killers, no fillers* : rien que du bon ! Du premier au dernier sillon, « In Heaven » a converti toute une génération au Psychobilly. Quelle que soit le moment qui vous a vu adopter le mode de vie psycho, « In Heaven » y aura sûrement joué un rôle décisif.

Cet album fut l'une des seules échappatoires bienvenues si vous en aviez marre de l'état merdique de la musique au Royaume-Uni au début des années 80. Si vous avez un intérêt quelconque pour le rock et que vous ne l'avez pas encore entendu... dépêchez-vous de vous tirer vous les doigts du cul ! Maintenant que le Psychobilly a dérivé dans de nombreuses directions toutes différentes et parfois extrêmes, beaucoup de gens ont peut-être oublié l'impact qu'à produit cet album à sa sortie, mais à l'époque rien ne l'égalait, tout simplement. Bien que d'innombrables groupes aussi excellents les uns que les autres aient suivi dans la vague de ce Tsunami psycho et rempli des mètres de rayons dans les bonnes boutiques, ce disque a posé pour l'éternité les Meteors comme les Parrains du Psychobilly. J'ai encore du mal à piger comment dix-sept interminables années ont pu passer avant qu'il ne ressorte enfin en CD.

Dans mon cas personnel, c'est fin 1983 que je suis tombé sur « In Heaven », du coup j'ai eu droit en simultané ou même avant à d'autres friandises qui ont déboulé à toute allure dans le paysage, dont le second album des mêmes, « Wrecking Crew », qui allait véritablement définir le mouvement psycho. Après d'assez importants changement de personnels, P. Paul Fenech réaffirmait ses droits à la gloire comme créateur du Psychobilly avec cet album fantastique qui vous plantait une bonne décharge en vous balançant à la gueule un tombereau de morceaux qui deviendraient tous également des icônes du genre.

Et puis d'un coup, avec la subtilité d'un missile transcontinental en phase terminale, King Kurt s'est imposé avec son premier album « Ooh Wallah Wallah », l'enfant illégitime du rock'n'roll, du punk, du glam rock, de Bo Diddley et de Benny Hill voire de l'afro-funk. Pour un psycho juvénile à peine remis d'une double dose d'excellents disques des Meteors, King Kurt emmenait le Psycho dans une direction toute nouvelle et bien à eux. Avec quelques années de recul on peut dire que c'est la seule fois qu'on ait pu croire (temporairement) que le Psycho allait percer véritablement. Le disque était produit par Dave Edmunds, un rock'n'roller respecté qui avait déjà les Stray Cats à son actif et presque trois décennies de ses propres hits, et était paru sur Stiff Records, le label légendaire qui avait aidé à lancer au Royaume Uni le pub rock, le punk, la new wave ainsi que le retour du ska. Il avait aussi bénéficié d'une bonne promotion, avec des concerts, une campagne de pub solide dans la presse et même quelques vidéoclips réjouissants. Là encore, pas la peine de citer un morceau en particulier, cet album fait partie de la légende dorée de la stratosphère psycho.

Le plus excitant à l'époque était que chaque nouvel album d'un nouveau groupe rajoutait de nouvelles saveurs à ce mélange bâtard qu'était le Psychobilly. De l'ombre du légendaire groupe neo-rockab' The Sharks émergea Frenzy, qui mit le Rockabilly sur une route de collision frontale avec le Psycho, avec leur mélange frénétique de basse slappée et des morceaux inoubliables comme *I see red* et *Nobody's business*, toujours des classiques. Un autre groupe qui a contribué à effacer les frontières entre le Psycho et le rockab' est Restless, dont le son dur et rapide attirait plus de psychos que d'autres groupes de Rockabilly plus puristes.

Je ne suis pas un grand fan des albums live parce qu'ils servent trop souvent de bouche-trous pour les maisons de disque, entre deux albums studio, ou bien encore ils rassemblent des groupes trop disparates avec un enregistrement dégueulasse. Mais quand vous avez les Milkshakes, Restless, les Sting-Rays et Guana Batz au mieux de leur forme, en concert au QG londonien du Psychobilly il est quand même difficile de se planter... Et de fait l'album « Stomping at the Klub Foot, volume 1 » fait tout ce qu'il faut au bon moment. C'est tout simplement une putain de stèle dressée à la gloire de l'histoire du Psycho et du Trash. Quatre groupes, quatre morceaux chacun, un instantané de l'atmosphère électrique et de la vitalité du mouvement. Non seulement ce disque ne fut que le premier d'une longue série d'albums live impeccables, mais il établit la réputation du Klub Foot comme la Mecque du Psychobilly dans les années 80, un endroit pour lequel les psychos vieillissants garderont toujours une certaine tendresse, un peu comme le Casino de Wigan pour les adeptes du son *Northern Soul*[14].

Du coup, quand la compil « Hell's bent on Rockin' » est sortie à peu près au même moment, je crains qu'elle ne soit un peu restée dans l'ombre de ses grandes sœurs « Stomping' ... » ou « Blood on the Cats ». Que ce soit le cas ou non, elle constituait malgré tout une étape essentielle de l'histoire du Psycho et la plupart des morceaux gravés sur ce bout de vinyle peuvent encore aujourd'hui vous laisser dans un état de fièvre rock'n'roll, malgré deux/trois quand même franchement faiblards par des groupes ou chanteurs que je ne nommerai

---

[14] Northern Soul : sub-culture née dans le Nord de l'Angleterre à la fin des années 60, pour et par les danseurs fans des disques de soul noire américaine de (ou inspiré par) iTamla Motown

pas par charité (et la plupart de mes lecteurs savent de qui je veux parler). Il y a d'abord deux morceaux de Demented Are Go, première période : *Rubber Rock* et *One sharp knife*. Ces chansons sont incontournables et constituent, avant leur album inaugural, un échantillon délectable des friandises perverses qui allaient suivre. Le grand Steve Whitehouse fait également une double apparition, d'abord avec les Sharks sur l'inoubliable *Ghost Train,* puis sur une version précoce de *Cry and Die* par Frenzy. Et il y a aussi des morceaux des Meteors, des Deltas, des Rapids, des Ricochets et de Outer Limits et puis ces rockers déjà cités qui arrivaient parfois sur scène en pyjama, Restless. Au final, un album qui reste peut-être un peu égaré dans les brumes du temps, mais un témoignage bien schtarbé de ce qui se passait sur la scène Psycho et neo-Rockabilly'.

En 1985 beaucoup de psychos se grattaient le crâne, se demandant ce qui était arrivé au premier album promis par Guana Batz pendant son apparition sur « Stomping at the Klub Foot ». Le groupe rendait dingues tous les spectateurs à ses concerts à travers tout le pays, mais n'avait sorti qu'un seul 45 tours, « The Cave », à la grande frustration de son avide public. Que se passait-il ? On était déjà au milieu de l'année et Sœur Anne ne voyait toujours rien venir. Est ce que par hasard les Batz n'avaient pas pu décrocher de contrat ? Peu probable. Prenaient-ils simplement le temps de faire ça bien ? Il fallait y croire. En tout cas... L'attente en valut effectivement la peine.

Le disque nommé bien à propos « Held down to vinyl... At last » *(Couché sur vynil... enfin)* sortit enfin, et, de façon surprenante pour un premier disque de psycho, démarrait sur un morceau (relativement) cool. *Down on the Line* était une chanson accrocheuse, donnant l'air d'avoir été composée et jouée dans la rue ; à part *Can't take the pressure,* la face Une consistait en un recueil de morceaux décontractés, phénomène unique à un moment où la plupart des groupes débutants dans le psycho s'engageaient tous dans la voie du toujours plus vite. Mais quoi qu'il en soit, les accros à la vitesse ne s'inquiétèrent pas trop longtemps car la face Deux commençait sur le tempo affolant du classique *King Rat* et continuait sur sa lancée jusqu'au dernier sillon, ne ralentissant que pour mieux retrouver son second souffle pour *Please give me something*. C'était un début très attendu, qui s'avéra d'une grande originalité, bien plus riche que la simple fête du rythme envisagée par certains, et qui établit les Batz comme l'une des légendes du Psychobilly au Royaume-Uni.

Alors que le mouvement commençait à réellement prendre pied sur le vinyle, deux autres albums pionniers déboulèrent de par dessus l'horizon, commis par Torment et Demented Are Go, qui réalisaient l'exploit de pousser le genre simultanément à de nouveaux sommets musicaux et de nouveaux abîmes de dépravation. J'avais très peu entendu et vu de Torment avant d'acheter leur galette en 1986 ; « Psyclops Carnival » faisait un peu bizarre comme titre et la couverture se distinguait de la plupart des autres albums de psycho, avec son imagerie noir et blanc et son ambiance un tantinet lugubre. À la première écoute, rien de remarquable car le disque manquait de cette immédiateté qui te faisait taper des godillots en cadence, mais plus je le passais plus les morceaux commençaient à s'imposer. Comme pour les Guana Batz, les paroles évitaient soigneusement certains clichés du psycho - les cimetières, les scènes d'horreur, les asiles de fous et les bitures express - et se concentraient bien souvent sur l'expression des soucis personnels du lyriste. Sans vouloir trop donner l'illusion de me prendre pour un philosophe enculeur de mouches, il faut reconnaître que Torment nous offrait un niveau supérieur d'écriture, surtout grâce à Simon Brand, également chanteur du groupe, en plus d'une nouvelle ré-interprétation radicale du trio batterie-guitare-contrebasse.

Ce n'est qu'il y a quelques années, en feuilletant une copie du fanzine *Deathrow Database*, que j'ai découvert que Simon Brand s'était suicidé[15]. Ça m'a fait un sacré choc même si je n'avais pas entendu parler du groupe depuis une éternité. Je ne l'avais rencontré qu'une seule fois, dans les goguenots d'un pub près de la Cave à Bière à Bristol, qui était l'endroit où se déroulaient les fameux concerts « Nuits des longs couteaux ». Nous avions peu parlé, vu que j'étais à peu près incohérent, impressionné comme une pucelle par l'une de mes stars favorites, mais il avait semblé plutôt sympa. Torment était l'un des groupes excellents, qui, s'ils avaient duré et enduré les années de vaches maigres, auraient pu avoir un gros succès et décroché un gros contrat avec une major comme plusieurs groupes yankees ou australiens à la fin des nineties. Ils étaient très au dessus du lot avec leur leur image à part, leur chansons bien foutues, leurs paroles intelligentes et un son unique.

Quant à Demented Are Go qui ont débuté la même année, enfonçant toutes les portes pour laisser déferler une nouvelle race de pervers-psycho, leur premier album époustouflant s'intitulait « In Sickness & In Health » (évocation fort déplacée des voeux du mariage). Il partait sur une reprise défoncée de *Be Bop a Lula* et enchaînait classique sur classique jusqu'au bout. Encore une fois, pas UN seul morceau de remplissage, et une toute nouvelle direction pour le mouvement psycho. Mark Phillips, chanteur et légende à venir du Psychobilly, faisait son apparition sur la couverture en robe et maquillé. OK, aujourd'hui cela fait peut-être un peu lambda, mais à l'époque, personne n'arrivait à vraiment voir où ce groupe voulait vraiment en venir. Ceci dit, tout le

---

[15] En 1994.

monde a ensuite rapidement compris, vu la gamme impressionnante de godemichés utilisés comme accessoires de scène et le titre de certaines chansons: *Rubber buccaneer (Le flibustier du latex), Rubber Love (L'amour en plastique), Pervy in the Park (Les pervers au parc), PVC chair (La chaise en PVC)*... Pas besoin d'être grand clerc pour piger la suite. Mais nonobstant la haute teneur foutrale du disque, « In Sickness.... » contenait plusieurs morceaux qui resteraient à jamais immortels : *Transvestite Blues (Le Blues du Travelo), Holy Hack Jack, Vibrate* et leur version torturée du vieux tube des Osmonds, *Crazy Horse*. Dix-sept ans plus tard, et ce disque n'a pas pris une ride: il est toujours complètement hors norme et apte à vous rendre à moitié dingue !

Quoi qu'il en soit, à partir du milieu des années 80, pratiquement pas un mois ne passait sans qu'un nouveau premier album ne sorte, et ceci sans jamais copier ou singer ses prédécesseurs. Les portes étaient grandes ouvertes dans le saloon Psychobilly et, la demande croissante aidant, les labels comme Nervous, ID, Raucous, Fury, Link et Anagram s'évertuaient à la satisfaire. Lost Moment aussi était l'un de ces labels qui a permis de sortir l'un de ces grands disques psycho, « Adventures of the Krewmen », très bien produit et avec une pochette superbe qui ne laissait aucun doute sur leurs influences[16]. Je peux me gourer, mais j'ai l'impression que les Krewmen étaient les « loups solitaires » de la scène psycho, et il me semblait qu'à l'époque il n'apparaissait pas aussi souvent sur les compils, ni ne jouaient dans les endroits qui accueillaient avec régularité d'autres groupes pionniers de l'époque. Touchés eux aussi par de nombreux changements de personnel au fur et à mesure de la progression de leur carrière, ils n'ont pas recueilli le respect que j'estime qu'ils méritaient

---

[16] C'est-à-dire essentiellement les BD de super-héros.

vu leur rôle dans les débuts du mouvement. Ils ont pourtant martelé un nombre considérable de classiques du *stomping*, et aujourd'hui leur catalogue d'albums est la preuve de ce que j'avance.

Un autre de mes favoris était le premier vinyle de Skitzo, sobrement intitulé « Skitzo Mania ». Une variation de plus sur le thème, un sprint solide à travers les éléments constitutifs clés du Psychobilly et un style abrupt qui était l'indice de l'évolution à venir du genre aux mains des freaks de la vitesse pure. Voilà un album particulièrement adapté à une soirée passée à s'enfiler du *snakebite*[17] et du Red Bull ; leur reprise grand style de *Lonesome Train* dépasse même en qualité la version des King Kurt.

Adoptant une approche radicalement différente, les Long Tall Texans ont débarqués sur la scène psycho à grands coups d'aiguillon à bétail. Ce trio apparemment heureux de vivre osa introduire de la mélodie, des paroles accrocheuses et de la production presque sophistiquée dans leurs albums et sont rapidement devenus l'un des favoris des légions de psychos britanniques. Les Texans sont probablement ceux qui ont fait le plus pour tenter d'introduire le Psychobilly à une audience plus large, et en concert ils étaient immensément populaires avec leur mélange de morceaux irrésistiblement dansants et de purs instants de puissance destinés à faire trembler le *wrecking pit*. Ils savaient vraiment comment travailler la foule et étaient sans doute l'un des meilleurs groupes de scène de l'époque, tous genres confondus. Ils ont également la douteuse gloire d'avoir posé pour un photographe « artistique » et d'avoir eu ensuite des posters à leur effigie dans toutes les boutiques de souvenirs merdiques du Nord au Sud du pays, sur le même rayon que

---

[17] Boisson très populaire au Royaume-Uni, consistant en de la bière et du cidre mélangés à parts égales.

les images bien connues du genre « le Musclor frimeur avec un bébé dans les bras » ou bien « la championne de tennis se grattant le cul ». Wa-ouh!

Et encore un premier album : « Ein Bier Bitte » des Coffin Nails. J'ai toujours apprécié ce groupe qui savait prendre soin de ses spectateurs... sans jamais trop se prendre au sérieux eux-mêmes. Je les ai même vu une fois jouer un set entier de leurs chansons dans un style « disco-Billy ». Une bonne moitié de la salle n'y pigeait rien et gardait un air fabuleusement constipé, mais eux avaient au moins eu suffisamment de couilles au cul pour le tenter. « Ein Bier Bitte » est un classique psycho des *eighties'* souvent ignoré. Il sonne comme s'il avait été expédié en à peine quelques jours de studio, mais presque chaque chanson est mémorable, à,commencer par leur hymne, *LET'S WRECK !*, qui plaisait tant aux foules. L'album contient également ce putain de bijou pour péquenauds country, *Uncle Willy,* un morceau bien gras *Penetration,* le gravissime *Mira Hindley,* ainsi qu'un instrumental appelé *Hummungus* d'après le pseudo du guitariste au format Obélix. Le roi de la six-cordes des Coffin Nails a finalement repris aussi le rôle de chanteur et depuis ils ne se sont jamais arrêté d'enregistrer et de tourner. Ils étaient et demeurent des survivants du Psychobilly, portant avec classe leur manque immérité de notoriété.

Et enfin, poussant le style de vie psycho jusqu'à l'extrême, arrivèrent les Frantic Flintstones. Leur premier album « Nightmare on Nervous » a immédiatement représenté le nouveau standard d'un excellent Psychobilly furieusement emmené par la basse slappée, tout en se concentrant sur les thèmes des drogues, de la boisson et de la dépravation en général. Sous la direction de leur leader, Chuck 'Flintstone' Harvey, ils donnaient l'impression d'enregistrer et de jouer tout en restant dans un état de défonce quasi perpétuelle, traçant leur chemin au lance-flamme sur la figure du Psychobilly britannique. Ils avaient aussi un mépris très sain pour toutes les lois non-écrites du genre et leur utilisation du gospel, de la country, du ska et de tout un tas d'autres styles était résolument novateur à l'époque.

Ces quelques groupes ne représentent qu'un échantillon de tout ceux qui émergèrent sur la scène psycho des années 80, mais prouvent tous combien énergique et varié était le Psychobilly. Et encore, je n'ai évoqué ici que les groupes qui acceptaient de se ranger sous cette bannière ; plus bas vers le Sud, un autre genre naissait, ouvrant ses bras à tous les amoureux du rock'n'roll déjanté, et bien que beaucoup des groupes qui le constituaient s'efforçaient de se distinguer de la marque psycho, il était indéniable qu'ils en partageaient les origines, et que tous étaient nés et avaient proliféré dans les mêmes ordures et les mêmes déchets... Le Trash se frayait son chemin en défonçant peu à peu les portes pour sortir du garage...

5
LE TRASH, ÇA TÂCHE

EN EFFET, EN PARALLÈLE AU MOUVEMENT PSYCHO pur et dur, une autre excroissance du Rock'n'Roll, plus centrée sur Londres, avait aussi réussi à attirer mon attention dans les grandes largeurs. La scène Trash rassemblait des groupes qui s'appropriaient allègrement les styles Punk, R&B, British Beat, Psychedelia, Rockabilly ainsi que le Garage des années 60 et une myriade d'autres sons underground. Et tout ça passé à la moulinette donnait un concentré d'excitation et de Rock'n'Roll shooté à l'adrénaline pure.

Les porte-bannières du style étaient sans conteste aucun les membres du groupe Thee Milkshakes. Bien que leur leader, Billy Childish, préférerait très probablement s'arracher l'oeil avec un pinceau[18] plutôt que de voir sa modestie offensée par un titre d'avant-garde d'un quelconque mouvement, nul ne peut nier qu'avec à son actif un nombre incalculable de chansons, il a été le pionnier d'un vacarme influencé par le Punk mais toujours soucieux du retour aux sources du rock, que ce soit avec son premier groupe The Pop Rivets, puis avec Thee Milshakes et plus tard avec Thee Mighty Caesars, Thee Headcoats et enfin sa dernière création The Buff

---

[18] Allusion au fait que Childish est aussi poète, auteur et peintre d'avant-garde.

Medway. J'ai eu l'occasion de voir la plupart de ces groupes au fur et à mesure que les années passaient et j'ai toujours admiré leur son rugueux, leur constance dans l'insulte envers le public et leur refus d'utiliser la technologie moderne pour privilégier encore et toujours les amplis à valves.

À mon grand désespoir en revanche, je n'ai jamais pu choper en concert les Cannibals. Comme les Milkshakes, les Cannibales étaient un groupe au personnel très changeant autour d'une seule personne, le Yankee exilé et fanatique de Punk garage, Mike Spenser. Les Cannibales pétardaient toutes les tentatives de les définir, en jetant dans leur infernal chaudron digne de cannibales bouffeurs de missionnaires des instrumentaux de surf, du freakbeat, de la psyché profonde et tout un tas d'autres trucs tout aussi indéfinissables. Ce n'est que récemment, en voyant un documentaire à la télé, que j'ai appris que Spenser était arrivé de ce côté de l'Atlantique avec déjà un lourd passé dans la scène Punk et New Wave américaine des seventies. Quoi qu'il en soit, les Cannibals étaient de redoutables pourvoyeurs d'excellence *garage* et ont défini à eux tout seul le Trash en tant que tel.

Pour contribuer encore plus à la réputation montante du Trash, "The Tube" (la seule bonne émission musicale à la télé à cette époque) régala la nation un vendredi soir de 1984 d'une émission sobrement intitulée "Partie carrée - le Trash à la Télé". Ce fut le meilleur morceau de télé depuis l'apparition de King Kurt sur le plateau de Top of the Pops, et ce qui le rendait encore plus spécial était que bien entendu, le rock était encore largement absent des ondes. Quatre groupes y jouèrent chacun l'un de leurs morceaux au cours d'une soirée sur invitation réservée aux membres les plus éminents de la scène Trash et Psycho de Londres. Thee Milshakes lancèrent l'affaire avec *Out of Control,* suivis de près par les Prisoners (équipés de pied en cap en uniformes de

Star Trek très 60's) avec *Reaching my head*. Puis les Sting-Rays démontrèrent leur maîtrise complète du live avec une charge inoubliable sur *Come On Kid*. Et les Tall Boys emballèrent le tout pour livraison avec une version que nous qualifierons d'entraînante de *Ride this Torpedo*. Un documentaire de grande qualité, qui capturait parfaitement l'excitation et la variété du Trash; la sortie de la bande-son représente à mon avis l'événement en 45 tours des années 80. Et un moment important de plus pour le jeune psycho que j'étais, car confirmant encore que ce mouvement musical underground fonçait à toute allure et que seuls quelques semi-demeurés oseraient manquer les bons moments de rock'n'roll qui s'annonçaient. King Kurt et "Trash à la Télé" donnèrent une réelle légitimité à l'emprise croissante du Psycho et du Trash.

En plus j'ai pu voir pour la première fois en concert (certes par écran interposé) l'un de mes groupes favoris de l'époque. Les Sting-Rays constituaient une énigme. Déboulant d'abord dans le milieu avec la contrebasse et les bananes caractéristiques, ils étaient' pourtant différents de tous les autres groupes associés à l'image Psychobilly. Comme d'autres groupes Trash, ils avaient une relation bizarre avec ceux de leurs fans qui se voulaient Psychos, au point de proclamer sur scène un soir, pendant une tournée où ils faisaient la première partie des Cramps, que « le Psychobilly était mort ». Ce qui était un tantinet exagéré mais témoignait de leur crainte d'être marqués au fer, pour les siècles des siècles, comme relevant d'un seul genre musical très spécifique. Crainte d'ailleurs non fondée car leur style était franchement impossible à cataloguer. Mais ce qu'ils nous apportaient, en revanche, n'admettait aucun doute... du concentré de frénésie pure ! J'ai réussi à retrouver leur premier album, « Dinosaurs », un 33T difficile à décrire car chaque chanson y est singulière et le disque dans son ensemble ne s'imprime pas tout de suite sur la matière grise. Ce n'est qu'après plusieurs écoutes qu'on peut vraiment apprécier ses nombreuses qualités. Ils semblaient être un groupe qui n'avait pas peur d'apporter des dimensions supplémentaires à leur musique en studio, sans se contenter de reproduire simplement leur performance live comme de bons pros. Ce souci artistique cohabitait donc bizarrement avec l'énergie frénétique et chaotique dont témoignent superbement « Trash à la Télé » ainsi que leur album « Live Retaliation » et leur quelques morceaux figurant sur la compil « Stomping at the Klub Foot ». Et malgré leur mépris apparent pour le Psychobilly, je continue d'apprécier les Sting-Rays, l'évolution de leur son, et de penser qu'ils ont été l'un des groupes les plus innovants à émerger de la scène Trash. À la sortie chez Big Beat en 2002 de leur premier *Best Of* sur CD, j'ai failli faire pipi au lit d'excitation, tellement le disque avait réussi à rendre fidèlement les aspects les plus sauvages de leur carrière variée.

Deux autres groupes trash qui ont eu un putain d'impact sur moi ont été les Tall Boys et les Vibes. Nigel Lewis était déjà, bien sûr, un personnage quasi-légendaire de la stratosphère Psychobilly en tant que bassiste et co-leader des Meteors dans leur première mouture ; après une autre expérience menée aux côtés de P. Paul Fenech au sein des Clapham South Escalators, il a emmené son groupe suivant, les Tall Boys, plus loin du modèle psycho avec un son grondant et menaçant. Le groupe comprenait également l'ancien batteur des Meteors, Mark Robertson, et, avec le guitariste James Alan (ainsi que parfois le bassiste Kevin Green), a pondu une poignée d'œuvres de plus en plus inclassables, dont le 33T « Wednesday Adams » et le maxi-45 « Final Kick », qui ont cimenté une réputation d'innovateurs déjà bien établie au sein du mouvement Trash. Puis Lewis a sorti un album solo peut-être un peu trop excentrique en 1986, « What I Feel

Now », et semble être passé dans la clandestinité avant de ressurgir au milieu des années 90 avec The Johnson Family.

Quant aux Vibes, la question de leur identité réelle n'a pas cessé de me tourmenter depuis que les douces sonorités du Trash ont commencé à fuir de dessous la porte du garage... Ils tournaient autour de la scène Trash, ont balancé deux/trois singles, un album, sont apparus sur l'émission de John Peel, ont changé de nom pour The Purple Things puis se sont tout bonnement évanouis après quelques excellents 25 cm... Laissant derrière eux un parfum de mystère et plusieurs morceaux de Trash mémorables. Leur album « What's inside » était une véritable expérience psycho-délique et leur 33t « Inner wardrobes of your mind » *(La garde-robe de ton esprit)* était un concasseur de neurones marchant à l'acide, mais l'ensemble n'arrivait pas à la cheville de leur mini-album quatre morceaux « Can You feel... » qui combinait un rythme menaçant avec le garage-punk, le Go-Go et même une touche de mambo... Toutes leurs sorties pouvait se targuer d'un cocktail détonnant de toutes les influences clés du trash et d'une basse slappée avec une saine énergie... Je ne les ai jamais vus en concert et n'ai jamais rien pu découvrir de conséquent sur eux, si ce n'est que leur contrebassiste était aussi un membre des Blubbery Hellbellies et (je crois) des Sting-Rays. Quelques uns d'entre eux venaient de Liverpool. Quoi qu'il en soit, ils ont produit plusieurs des meilleurs morceaux connus du Trash et même le dieu *indie* chauve et barbu de Radio One était d'accord sur ce point là.

Bien que ces groupes ne soient que quelques uns de ceux qui ont contribué au genre Trash, il faut qu'il soit dit qu'ils étaient tous bien trop bons pour être confinés à une quelconque et vague « scène » et qu'ils ont tous progressé dans de nombreuses directions différentes. Cela était sans doute inévitable vu le très large spectre d'influences dont ces groupes ont tiré ce qui fit briller la flamme du Trash si violemment (et si brièvement). Par ailleurs, je pourrais taper sur ce putain de clavier jusqu'à m'en user les doigts jusqu'à la dernière sanglante phalange pour tenter de définir par écrit le Trash, sans arriver à en dire autant à propos de ces génies hétéroclites du Rock'n'Roll que les deux célèbres albums de compilation que sont « These Cats are nothing but Trash » et « Rockabilly Psychosis and the Garage Disease ». Rajoutons à tout cela d'excellents groupes surf et instru qui était assez proches des groupes et des scènes Trash, et on peut affirmer avec le recul suffisant que le milieu de la décennie 80 était finalement très riche pour tous ceux qui étaient en quête de rythmes rock. Et ce malgré l'image de cette période, majoritairement celle d'un abîme créatif où se débattaient l'insignifiance du « néo-romantisme » et la merde pop.

6
PSYCHO EN KILT

MÊME SI L'HISTOIRE DU PSYCHO EUROPÉEN a surtout été écrite au sud de la frontière[19] et en Europe continentale, la contribution de l'Ecosse est indéniable. L'un des groupes écossais de Trash qui tournait régulièrement dans Kilt-Land était les Styng-Rites. Je n'ai jamais su si l'orthographe bizarre de leur nom tenait à une raison particulière ou bien s'ils s'étaient simplement fait baiser sur le fil par les Sting-Rays (qui eux même employaient un tiret vraisemblablement pour éviter un procès de la part de ce marionnettiste de Gerry Anderson[20]). Quoi qu'il en soit ils étaient le meilleur produit d'exportation rock écossais depuis The Poets[21]. Et je ne suis pas le seul à le penser puisqu'ils ont été jugés dignes de figurer dans une des compils immortelles du Klub-Foot. Ils étaient impeccables pour prendre du bon temps, avec un look « spacebilly » unique et un répertoire plein de morceaux grandioses. Plutôt que d'adhérer de façon rigide au modèle psycho ils se targuait de très larges influences, dont les Rezillos, mais aussi le

---

[19] La frontière entre l'Écosse et l'Angleterre...
[20] Auteur d'une série télévisée intitulée effectivement *Styngray,* mettant en oeuvre des marionnettes, en 1964/65.
[21] Groupe des années 60, dans le style des Small Faces ou des Kinks, qui ne semble pas avoir eu de succès en dehors des frontières écossaises, malgré ce qu'en dit ici l'auteur.

British Beat, Screaming Lord Sutch[22], et le rock'n'roll traditionnel. Mais comme leurs quasi-homonymes plus au sud ils se sentaient à l'étroit sur la scène psycho, et ont fini par trouver que l'étiquette psycho les piégeaient et par se lasser de leurs fans éternellement agités. Mais à la décharge de ces derniers, il faut avouer qu'il était vraiment impossible de ne pas percuter quand ils entamaient l'un de leurs tubes comme *Reptile Man, Dog Fish* ou bien leur rageuse version du grand succès de Lord Sutch, *Murder in the Graveyard* ! Du coup, ils ont tenté de suivre une voie plus rock-pop qui se révéla contre-productive. Ils étaient désormais trop pop pour les Psychos mais n'ont pas réussi à convaincre le grand public, qui aurait peut-être apprécié leur nouveau style, que leurs shows n'étaient plus destinés qu'à certains dérangés... Ils se sont finalement dissous mais leur chanteur, George Millar, est réapparu dans les années 90 à la tête d'un groupe de British Beat superbement authentique, les Kaisers.

Les Radium Cats étaient un autre groupe de rock'n'roll écossais tout à fait au point, parfaitement satisfaits de leurs fans Psychos, mais qui insistaient beaucoup sur leurs influences venant des années 50, des films de série B, du voodoo et des Cramps. Je les ai vus jouer à de nombreuses occasions et ai toujours apprécié leur trio très pointu, guitare-contrebasse-caisse claire. Ils furent probablement le plus prestigieux groupe écossais en termes de ventes, avec quelques *hits* chez Raucous Records et quelques autres boîtes. Ceci dit, comme ils venaient d'Edimbourg, je sais très peu

---

[22] Trois références musicales qui parleront surtout aux Britanniques : les Rezillos étaient un groupe punk actif entre 1976 et 1978, le British Beat fait référence aux groupes qui se lancent dans le sillage des Beatles dans les années 60, et Screaming Lord Sutch est un personnage excentrique qui a hanté les scènes d'outre-Manche des années 60 à sa mort en 1999, avec son groupe les Savages et son rock horrifico-comique.

d'eux, ce qui témoigne du fossé qui sépare Glasgow de la capitale écossaise : bien qu'éloignées d'à peine plus de soixante bornes les deux villes sont très différentes et culturellement rivales. Nous étions plus susceptibles de voyager jusqu'à Londres pour voir un groupe jouer plutôt que de faire le saut de puce jusqu'à Edimbourg.

Plus loin de la zone centrale, Aberdeen pouvait également se vanter d'une scène psycho bien vivante qui assurait toujours un accueil chaleureux aux plus grands groupes qui se risquaient dans les frimas nordiques. Les Numbskulls étaient le produit local le plus fameux et leur bassiste, Strangy, a finalement rejoint Glasgow pour jouer avec les Klingonz et plus tard les Celtic Bones. D'autres membres du groupe jouent encore aujourd'hui à Aberdeen dans le groupe de R'n'R King Voodoo, aux côtés de l'ancien rocker de Glasgow Rod Vegas.

Plus au Sud Kilmarnock était imprégné du son de l'une des voix psycho écossaise les plus authentiques, les Termites. Bally, Kenny, Gerry et Erwin se firent nationalement connaître avec un premier 45T éponyme, suivi de l'excellent album « Overload » sur Link Records en 1990. Le verso de la pochette du disque consistait en un photomontage, un des grands classiques du design Psychobilly, qui résumait parfaitement la scène psycho de Glasgow à cette époque. Le groupe avait un son psycho hardcore, très bien mis en valeur par l'album, mais malgré sa présence sur une poignée de compils, il n'a jamais pu faire paraître la suite. Avec un peu plus de support financier du studio, les Termites auraient pu encore améliorer leur performance de « Overload » et continuer à sortir des albums mémorables, mais cela ne s'est pas passé, pour des raisons qui m'échappent. J'ai souvent vu le groupe en concert et ils étaient toujours au poil. Il ne fait aucun doute qu'ils ont contribué à répandre le gospel psycho écossais partout au Royaume-Uni et en Europe, et même le plus coincé des rockers trouverait difficile de ne pas être remué par leur présence incandescente sur scène et leurs quelques sorties sur vinyles. *Fuck All Night*... ouais!

Je suis sûr qu'il existait d'autres groupes écossais que je ne suis pas capable de citer pour cause d'ignorance ou de mémoire défaillante, et il y en a d'autres dont je savais très peu comme les Full Moon Freaks (qui ont fait une brève apparition sur la compil de Raucous « Psycho Tendencies ») et les Primevals (un groupe garage/heavy de Greenock qui figurait sur le second « Klub Foot »). Mais nous n'étions de toutes façons pas en manque car tous les groupes de Psychobilly en tournée faisaient escale chez nous, et nous pouvions aussi bénéficier de la scène Rockabilly (qui a toujours été très vivace dans le coin, avec des groupes comme les Cottonfield Boys et les Razorcuts) ainsi que d'un grand nombre de groupes punk garage comme les Green Telescope ou The Beeville Hive Five, qui jouaient surtout autour d'Edimbourg. Et il y avait bien sûr des concerts à la pelle de l'autre côté de la frontière, que je pouvais dégoter en quelques tours de roue, à l'arrière d'un van pourri coincé sous un tas d'autres saligauds plus ou moins bien lavés...

7
LE ROCK CRADE
Votre maman ne va pas aimer ça

À TORT OU À RAISON, L'IMAGE DU PSYCHOBILLY allait rester à jamais associée à celle de la violence et à un certain nombre de comportements dérangeants et stupides. Les crânes partiellement rasés, les tatouages, les jeans déchirés, le cuir et les rangers ou les Doc Martens, partie intégrante de l'attractivité de ce style, nous donnaient un air vaguement menaçant pour l'époque. Bien sûr, aujourd'hui ce genre de fringues est complètement mainstream, on trouve des Doc à quatorze trous et des T-shirts de Motorhead au Prisunic (Putain!) mais dans les années 80 le look psycho était encore *mucho* alternatif.

L'uniforme de base consistait en jeans, T-shirt et chemise à carreaux, mais dans les débuts on pouvait trouver des trucs bizarres qui ont ensuite progressivement disparu. Le principal, et le plus surprenant, était le pull-over de ski, très difficile à expliquer ou justifier ; il s'agissait de pulls avec des motifs hivernaux les plus variés, dont les plus subtils consistaient en flocons de toutes tailles, mais pour les plus audacieux, on pouvait trouver des bonhommes de neige, des rennes au nez rouge ou des arbres de Noël. Le tout généralement assorti de bandes de couleurs horizontales au cou et à la taille. Rien à voir avec tout le reste du style psycho, je n'ai personnellement jamais possédé ce genre de pull mais plein de mes potes en avaient, et pour ceux qui ne voient pas de quoi il s'agit, allez voir quelques photos des Sharks ou de Guana Batz à leurs débuts et vous êtes certain d'en repérer au moins un.

Les blousons de baseball et les vestes en daim à franges faisaient également partie de la panoplie habituelle mais étaient un peu plus chères (et moins résistantes) que les bons vieux cuirs de motards ou les bombers. Les bombers, c'est à dire les blousons de pilote étaient très populaires en particulier parce que la plupart étaient du même vert olive et que vous pouviez donc parfois quitter un bar ou une boîte avec un blouson appartenant à quelqu'un d'autre sans trop vous faire remarquer, et terminer la soirée avec un bénéfice net de quelques dizaines de livres et un paquet de clopes en rab. Mais malheur à celui qui se faisait choper en enfilant l'une des vestes de cuir de *biker,* soigneusement décorées à la main, qui faisaient la fierté et la joie de la plupart des

Le style psycho de la grande époque – canette en option. Burty à « la Nuit des Longs Couteaux » à Birmingham.

psychos ! Ma favorite était peinte d'un logo consistant en un drapeau confédéré accompagné d'une belle tête de mort, plus une petite bannière au nom du groupe Elvis « Hellbilly » Hitler[23] et, sur la manche, un autre crâne merdique avec « Deathshead » *(Tête de mort)* écrit dessous de manière si pathétique qu'on lisait plutôt « Death Shed » *(Au rayon de la mort)*. Ô, les rires de mes gentils camarades quand mes tentatives d'effacer ce pâté échouèrent lamentablement!

Toujours sur le thème des éléments du look psycho à relativement courte durée de vie : les shorts ont été pendant un temps, autour de l'époque des soirées « Big Rumble », assez populaires, surtout accompagnés de chaussettes blanches voire carrément fluos. Les salopettes en jeans connurent un temps la gloire à la fin des années 80, bien qu'elles aient été surtout l'apanage des fans de country. Et qui se rappelle encore la période où sous l'influence de Restless les pyjamas firent leur apparitions dans les salles de concert ? Je ne sais pas si cette... heu... « mode » était répandue à travers tout à le Royaume-Uni mais Glasgow en tout cas avait son lot de psychos habillés pour le week-end en pyjamas de nylon brillant par dessus leur Doc Martens.

Les coupes de cheveux représentaient bien entendu l'autre aspect crucial du style Psychobilly qui semblait stupéfier, et parfois terrifier, M. et Mme Tout-le-Monde. Au départ, la plupart de ceux qui rentrèrent dans le mouvement adoptaient le tremplin («flat-top») plat, de cinq à sept cm de hauteur sur le sommet du crâne et quelques mm à peine sur les côtés. Puis le tremplin à pris de la pente, se raccourcissant vers l'arrière mais

---

[23] Groupe américain de la fin des années 80, dont l'absence notable de succès peut sans doute être attribué tant au choix «3ème degré» de son nom qu'au fait qu'il avait dix ans d'avance sur la mode, le psychobilly n'accédant à la notoriété qu'à la fin des années 90 outre-Atlantique.

grimpant sur l'avant aussi haut qu'une utilisation intensive des gels et sprays à cheveux le permettaient ; sur le côté le zéro absolu vint à dominer et tout ce qui dépassait un ou deux mm était mal vu. D'autres options incluaient la couronne, qui revenait à ne conserver que le contour de la banane ou du tremplin sur les pourtours du crâne et à raser tout le reste. Tout était possible en fait, surtout le plus extravagant, et allait souvent de pair avec un usage intensif et désordonné du peroxyde. Dans mes souvenirs les plus lointains il était aisé de reconnaître qui avait été skin ou rockabilly ou punk avant de tourner psycho, car les ex-skins devaient se laisser progressivement pousser les cheveux sur le haut du crâne et gardaient leur bombers tandis que les rockab' et rebelles conservaient leurs bananes mais se rasaient simplement sur les deux côtés et à l'arrière tout en s'accrochant à leurs cuirs et blousons de base-ball.

Les trois options capillaires offertes au Psychobilly soucieux de style : la «quiff» (banane) psycho longue, courte (ou «flat-top») et médiane. De g. à d. : Brian, Moorsy, Murray & Jane.

Quant à moi j'ai toujours eu des problèmes avec ma coupe, car mes cheveux fins de bébé et une tendance rapide à la calvitie se combinaient pour compliquer à loisir mes instants de créativité capillaire et bananière. Même pour un tremplin très court j'avais besoin de produits de qualité industrielle pour créer et maintenir ce look carré. Mon favori était un spray assez répandu, nommé « Falcon Death Grip », dont je m'aspergeais avec une telle générosité que j'ai dû creuser mon propre trou dans la couche d'ozone.

Malgré cette image qui nous collait aux fesses, nous avions en fait toujours beaucoup plus de chance d'être du mauvais côté du manche quand les masses de connards portant chemises et futs pastels[24] se mettaient en tête de nous dérouiller. Régulièrement les videurs nous barraient l'entrée des pubs et des boîtes, alors qu'ils laissaient passer sans encombre une tête de noeud portant moustache et raie sur le côté, qui allait joyeusement s'attaquer à quelqu'un à coup de lame avant la fin de la soirée.

Mes vieux étaient au tout début des victimes consentantes de la propagande diabolisante de l'époque et étaient terrifiés à l'idée que mes fringues et ma coupe me fassent passer pour un « skinhead » aux yeux de leurs voisins. Et je me moquais et riais d'eux : comment les beaufs pouvaient ils me confondre avec le skin moyen puisque malgré mon bomber, mes Docs et mes jeans courts à revers, mes cheveux avaient au moins trois centimètres de plus sur le dessus que ceux de mes potes aimant le Oï ? Mais aujourd'hui que je suis un vieux con je rigole de mes certitudes de l'époque et de la confiance que j'avais dans ma propre individualité... Alors que dès que je vois un jeune en survêt' et casquette de baseball j'ai immédiatement le réflexe de le ranger dans la

---

[24] Référence au style « casual » (voir note 6)

catégorie des racailles, sans doute équipées d'une lame voire d'une seringue usagée...

Malgré tout cela, les problèmes graves étaient en général évités. Dans les concerts ou les rassemblements Psychos l'essentiel de l'action avait lieu sur la piste de danse et beaucoup des soirées les plus folles dans le Wrecking pit pouvaient faire passer une baston à la sortie du kebab pour la solution de facilité. J'ai eu l'occasion de constater que c'était également le cas dans le monde du punk hardcore ou du Trash-metal qui pratiquent le « moshing ». L'attitude qui prévalait chez les videurs était saine et consistait en : « Laissons cette belle jeunesse tarée s'en donner à cœur joie sur la piste de danse et se sortir l'agressivité du système ». Ils passaient souvent plus de temps à ramasser les dents qui traînaient sur le plancher après coup qu'à se coltiner les clients à l'extérieur. Et tous les endroits où il valait la peine d'aller avait des videurs capables d'apprécier la (parfois subtile) différence entre une session de stomping à fond la caisse et une véritable baston vicieuse.

Dehors, dans la rue, nous étions assez souvent en groupes suffisamment importants pour éviter d'être emmerdés. À mes yeux les *casuals* et autres abrutis qui m'entouraient aussi bien à Cumbernauld qu'à Glasgow étaient désespérément territoriaux, et se fritaient contre d'autre demeurés qui ne vivaient souvent qu'à quelques rues d'eux. HLM contre HLM, cité contre cité, ville contre ville, catholiques contre protestants... Inintéressant au possible. Ce que j'appréciais justement dans le mouvement psycho était que j'avais des potes dans tout Glasgow, rassemblés par une passion commune. Dans d'autres circonstances nous aurions pu tout aussi bien être victimes de cette étroitesse d'esprit bien merdique et passer notre temps avec les types du même quartier à regarder les autres en coin dès que nous débarquions dans le centre ville : un gâchis complet!

Dans mon souvenir il y avait assez peu de baston avec les représentants d'autres groupes minoritaires. Nous fréquentions régulièrement des Goths, des skins ou des rockabillies. Quelques uns des skins traditionnels de 69, des premiers scootéristes et des rockab' adoptaient une attitude parfois hautaine envers le Psychobilly, probablement parce qu'ils pensaient, avec raison, que nous avions pillé les meilleurs éléments de leur style. Mais à part quelques frictions, ça se passait généralement dans la bonne humeur. N'étions-nous pas tous membres de la grande fraternité alternative, en lutte contre la musique de daube et la mode dominante à gerber de l'époque ? Contrairement à aujourd'hui, il fallait choisir son camp et s'y tenir car le mainstream n'avait aucunement l'intention de tolérer tout un tas de types bizarres aux crânes plus ou moins rasés et aux fringues un peu négligées.

Ceci dit, dans la période qui précédait, c'est à dire la fin des années 70, la situation était plus tendue et les teds, les punks, les mods et les skins se mettaient régulièrement sur la gueule dans les rues de la grande ville. Rajoutez à cela la très célèbre bigoterie footballistique de Glasgow[25], et vous pouvez comprendre que c'était OK Corral tous les samedis soirs en centre ville ; même gamin j'avais souvent été témoin à cette époque de scènes de guérilla urbaine qui duraient de l'après-midi jusqu'à tard dans la nuit.

Mais plus tard j'étais toujours heureux de rencontrer d'autres psychos et j'abordais souvent mes condisciples pour parler de musique et du mouvement. La plupart

---

[25] La ville fait en effet l'objet d'une rivalité historique et souvent violente entre les deux clubs de foot, les Celtic, aux supporters généralement d'origine irlandaise et catholiques, et les Rangers, surtout protestants.

étaient au moins polis si pas forcément chaleureux et je me suis fait plein de potes de cette façon. Avant que vous ne commenciez à penser que la communauté Psychobilly n'était qu'une bande de paisibles adeptes du *flower power,* je dois admettre que d'autres ne partageaient pas forcément les mêmes idéaux : les premières heures du Psycho à Glasgow avaient vu de bonnes doses de rivalités et un déplacement vers Paisley, Grangemouth ou Aberdeen pouvait garantir un accueil plein d'animation. Et comme mes premiers amis psychos et moi, venant de Cumbernauld et Kilsyth, étions considérés à peu près comme des bouseux incurables, nous avons mis du temps à ne plus subir un certain snobisme de la part de ceux de Glasgow même. J'ai failli passer un très mauvais quart d'heure à cause d'une bande de l'est de la ville qui s'était arrangée pour envoyer un abruti après moi, armé d'un goulot cassé aux bords tranchants. Et plus tard, alors que ces différends initiaux avaient été aplanis, je me suis aperçu que Murray, l'un de mes amis les plus proches et membre de mon groupe, avait fait partie des coupables ! On s'est payé une bonne tranche à cette découverte.

Un autre incident qui fut la cause de moult rigolades plutôt que de baston se déroula un week-end alors que nous étions descendus à Londres pour l'une des tristement célèbres et très animées « Nuit des Longs Couteaux ». Nous étions partis assez nombreux dans un van, et comme nous étions à peu près les seuls ploucs écossais de service, nous avons eu droit à pas mal d'attention malvenue. Mais bon, cela faisait partie du jeu après tout... Rien à battre ! L'atmosphère était d'autant plus tendue que c'était l'époque des « Meteors contre le reste du Monde » et que la plupart des psychos londoniens étaient soit dans un camp soit dans l'autre. Mais à part de gros yeux furibards venant de nos petits camarades du

Kattle[26], la seule trace de violence ce soir-là se manifesta sous la forme d'un confrère teuton. À un moment, mon pote Pat et moi étions à l'extérieur pour pisser un coup et sans doute tirer sur un pétard, quand ce grand Psycho germanique, l'air d'avoir un balai dans le derche, s'approcha et nous demanda sur le ton le plus sérieux si nous souhaitions pratiquer un peu de « rumble », de *pugilat*. Primo, après presque douze heures coincé dans un van brinquebalant avec quinze autres pignoufs sentant la sueur, la seule chose qui « pugilait » était mon trou de balle. Deuzio, putain ! Qui, à part des teenagers allumés sortis tout droit d'un film d'art et d'essai portant sur la délinquance juvénile dans les années 30, utilise encore le terme de « pugilat » ? Nous éclatâmes de rire et repoussâmes cordialement son offre. Il s'en alla lourdement, déconfit et surpris. Ah, qu'elle est dure la communication entre les peuples !

Alors que les années passaient et que les moins fidèles d'entre nous s'étaient peu à peu éloignés du mouvement, les divisions qui avaient pu perdurer à Glasgow disparurent. La scène psycho se rétrécissant, ses membres eurent tendance à se serrer les coudes et à former un groupe plus uni de passionnés du R'n'R. À part Easterhouse, plus aucun quartier n'abritait suffisamment de psychos et le collectif Psychobilly rassemblait désormais tous les fans d'Écosse occidental. L'ambiance était joviale et les conflits internes de plus en plus rares, et les autres beaufs hésitaient désormais à s'attaquer à nous vu que nous étions toujours ensemble. Bien sûr, il y avait toujours au sein de notre fraternité quelques types un peu barjots qui auraient été capables de déclencher des bastons tous seuls dans des maisons

---

[26] Pour les non-initiés, ce terme formé à partir de « cattle », *bétail,* désigne le noyau de fans des Meteors dont le slogan est OTMAPP, « Only The Meteors Are Pure Psychobilly ».

vides (et nous tairons leur nom par charité) mais rien de bien sérieux ni surtout de durable.

Ironiquement, malgré des années passées au cœur de l'action, la plupart de mes cicatrices n'avaient aucunement pour cause la baston, mais plutôt des accidents de patin à glace, des chutes sous l'emprise de la boisson, quelques ex-petites amies déçues et plus rarement les conséquences d'un concert des Meteors. Mon centre d'intérêt principal a toujours été la musique et bien que les quelques nuits passées aux urgences ne m'aient pas rempli de joie pure, il faut bien reconnaître que le Psychobilly a toujours été un sport de contact et personne ne peut nier qu'une bonne séance de *wrecking* présente des charmes particuliers. Ce à quoi je pense avec tendresse tous les soirs, en déposant mes fausses dents dans un verre de Stéradent sur la table de chevet.

8
EN BRÛLANT L'ASPHALTE
À la découverte du scootérisme

UN WEEK-END, ALORS QUE NOUS PRENIONS NOS MARQUES pour deux nuits de bonne vieille routine, nos copines psychettes Quentin, Tracy et Lorna disparurent vers une station balnéaire quelconque sur la côte anglaise. C'est vrai que nos soirées se répétaient un peu, mais les vendredi et samedi soir au Strutz, à la fac et au Hurricane's restaient un élément essentiel du style de vie psycho à Glasgow et leur absence nous avaient un peu surpris. La semaine d'après elles étaient excitées comme des puces et babillaient sans s'arrêter sur leur première virée en scooter, leur nuit entière dans une « scooter danse » et bla bla bla. Nous n'étions que modérément impressionnés car nous ne connaissions du mouvement scootériste que ce que nous avions vu dans le film Quadrophenia, et l'idée de passer la nuit dans des dancings géants où ne passeraient qu'occasionnellement des morceaux de psycho ne nous enthousiasmait pas. Mais devant leur insistance, nous avons fini par céder.

Quelque temps plus tard, alors que Glasgow était mort ce week-end, Tripney, Bert, le Puma Noir et moi avons sauté dans une bagnole et suivi les filles jusqu'au rassemblement de scooters de Scarborough - en 1987. Nous avons pris la précaution de nous garer sur le front de mer, loin du site réservé, car on nous avait averti que beaucoup de scootéristes puritains voyaient d'un œil chagrin le nombre grandissant de participants arrivant en voitures et en vans avec des excuses pourraves comme « mon scooter est au garage » ou bien « si si, j'ai un Lambretta à la maison ». Mais bon, on se foutait un peu de ce genre de réaction, après tout il faut essayer avant d'acheter (c'est ce que je disais également à ces dames).

Nous nous sommes faufilés hors de la bagnole, nous sommes empressés de commencer par une bonne charge et avons erré un bon moment dans la foule des scootéristes en attendant le début des festivités. Nous appréciions le changement de décor, mais sans plus, jusqu'au moment ou nous avons mis les pieds à l'endroit stratégique qui était en l'occurrence un immense parking souterrain. C'est là que notre baptême dans cette secte eut lieu.

La première chose qui m'a frappé, c'est l'échelle de l'événement. Ces rassemblements devaient compter les fidèles par milliers, et Scarborough était noyé dans une mer de mods, skins, punks et psychobillies. Jamais dans notre vie nous n'avions vu autant de représentants des diverses scènes alternatives ensemble au même endroit : même les soirées psychos les plus courues, au Klub Foot, ne pouvaient prétendre atteindre fréquemment les quatre chiffres. Il y avait des types partout, serrés dans ce bunker de béton qui puait la pisse et la bière, et quasiment personne ne semblait témoigner d'intentions agressives.

Ensuite, la musique : depuis mon plus jeune âge j'avais des goûts éclectiques et à Scarborough nous avons eu droit à toute la gamme des sons qui faisaient le mouvement scooteriste : des touches variées de pop des années 60, de groupes mods des années 80, du punk, du Oï, du Ska, du Psychobilly aussi, du Motown et du Northern Soul... rien ne venant du Top 40, pas de soi-disant musique « dance », mais une vague continue de sons à te faire remuer les pieds comme le reste...les bons morceaux se sont succédés toute la nuit... les Meteors, les Who, les Jam, Booker T, Sham 69, Desmond Dekker, King Kurt, Edwin Starr, le Billy Océan des débuts... La tête me tournait et les semelles me brûlaient !

Nous avons bu et dansé toute la nuit, et profité de l'ambiance qui était juste suffisamment agitée tout en restant amicale. Je parlais à des types qui venait de tous les coins du pays, et pas seulement aux psychos. Pas de barrière à la con entre les gens, tout le monde partageait la bonne ambiance du *scootering*, et bien que nous n'étions que des touristes arrivés en voiture cela a suffit à nous convaincre qu'il fallait se joindre au mouvement. Nos refuges psycho à Glasgow nous semblaient maintenant ne plus collectivement tenir la longueur face à la perspective de week-ends entiers à écouter de la bonne musique et à s'imbiber dans tous les coins de Grande-Bretagne. Bordel, nous n'allions quand même pas passer tout les week-ends du reste de notre vie au même endroit ! Décision fut prise, et à part quelques virées au Klub Foot ou bien aux Nuits des Longs Couteaux, nous allions désormais faire flamber le macadam sur deux roues pour explorer les joies que les rassemblements de scooters dans les villes balnéaires les plus improbables pouvaient nous offrir.

Nous avons quitté l'endroit au point du jour, excités à l'idée de notre futur en scooter. Je me suis endormi bourré, à plat ventre à l'extérieur de la bagnole. Le reste de mes charmants camarades m'a laissé pourrir là pour avoir plus de place à l'intérieur. Nous nous sommes échappés comme des voleurs en fin de matinée, rouges de honte d'être encore véhiculés sur quatre roues, mais jurant de passer au scooter le plus tôt possible.

Quelque temps plus tard nous avons sauté le pas et investi chacun dans une machine flambant neuve. Le Puma

Noir, Bert et Tripney avaient tous des bons jobs et purent avoir la leur immédiatement – rouge vif et numéros de plaques d'immatriculation consécutifs. J'ai dû batailler de mon côté pour rassembler les fonds nécessaires, et ai pu avoir une réduc' en refourguant une vieille bécane que j'utilisais pour aller au boulot. Mon scooter arriva peu de temps après. Nous avions achetés nos engins à un gredin de Faljirk qui nous avait vu venir de loin et nous avait placés quatre Vespa ETS 125 tout neuf. L'ETS était le dernier modèle de Piaggio : un gros malin avait cru bon de prendre le moteur du classique Vespa PX et de le faire rentrer dans la coque d'un PK 50, c'est à dire une machine considérée comme à peine plus classe qu'un 103 Peugeot. La vitesse et la fiabilité étaient au top mais le tout avait l'air cheap et faiblard et manquait de l'allure du PX, ce « fauteuil à roulettes » favori des puristes. L'ETS était au scooter ce que le panaché est à la Kronenbourg.

En tant que puceaux du scooter, nous partions régulièrement en virée pour mettre en œuvre nos machines sur les routes du royaume mais sans le dire, nous partagions le sentiment qu'elles n'avaient tout simplement pas le look adéquat. Quoi qu'il en soit nous nous sommes lancés comme des salauds dans le scootérisme, en permanence à la recherche de soirées ou de meetings traditionnels comme les fameuses visites du samedi après-midi à la boutique de scooters de Mickey Oates à Clydeside.

Pendant l'une de nos sorties du week-end, sur le réseau de routes de campagnes au nord-ouest de Glasgow, nous nous sommes arrêtés dans le village de Drymen pour nous rafraîchir. Un type à l'allure ordinaire nous a abordé après avoir remarqué (probablement avec un rictus intérieur) nos quatre machines identiques. Vu d'aujourd'hui, je peux imaginer que nous avions en fait l'air d'artistes de cirque sur deux roues. Le gars s'appelait George et prétendait qu'un nombre conséquent de scootéristes de villages éparpillés dans le voisinage se rassemblaient régulièrement à Drymen sous l'étiquette du Glasgow Vespa Club (GVC). Nous pensions sans le dire qu'il était fort improbable qu'une région si étendue et si peu densément peuplée puisse fournir autant de fans du scooter mais il avait l'air sympa, et il nous proposa de passer par là un dimanche soir quand le GVC se réunissait dans un des débits de boissons du village.

Malgré nos doutes, nous avons en effet fait le déplacement à l'une des réunions du club et c'est à partir de là que ma vie de *scooter-boy* a vraiment pris son envol. George m'a présenté aux membres du GVC qui comprenait à cette époque Jack, Louise, Shane, Richie, Gordon (futur leader du groupe The Amphetameanies), Robin et Stripey, un groupe de bourrins qui n'en étaient pas moins des scootéristes solides et d'expérience. Aucun d'entre eux n'étaient en quoi que ceux soit assimilable à un skin, un mod ou un Psychobilly, mais ils (et elle) appartenaient à cette autre catégorie de scootéristes purs et durs, aux cheveux courts et amoureux de la Northern Soul. Nous nous sommes tout de suite bien entendus avec eux d'autant plus que contrairement à certains autres groupes de scootéristes de Glasgow ils n'avaient aucun a priori négatif envers les psychos, et nous ont pris à bord sans problèmes. À la réunion suivante, un vote favorable prit place et d'un coup les effectifs du GVC se sont augmentés de plus de 40%.

Le club avait une histoire qui remontait aux années 60 ; il était plus ou moins géré depuis le début par un gars d'âge moyen appelé Stevie le Gros, basé à Balloch près du Loch Homond. Ayant connu les années creuses de la fin des années 60 au milieu des 70's, le club connaissait depuis peu une renaissance grâce aux efforts de George et des autres péquenauds. Après nous, nos trois copines Tracy, Lorna et Quentin l'ont aussi rejoint, ainsi que Raymie et son frère Graham, ainsi qu'un psycho de Bearden du nom de Ian. Avec cet effectif renouvelé et enthousiaste, la recherche d'événements dans la mouvance scootériste s'est accélérée et le gros Stevie a pris un peu de recul. Nous continuions à rameuter des nouveaux membres ou observateurs comme Pat et Mootsy ou d'autres ; alors que la scène psycho de Glasgow battait un peu de l'aile, tout cela nous ouvrait de nouvelles perspectives. Nous avons ramené les membres du GVC dans nos tanières habituelles du centre-ville tandis qu'eux nous introduisaient à un certain nombre de réunions de scootéristes, de soirées Northern Soul, et d'autres *parties* perdues à Pétaouchnock. Ainsi, alors que la saison des virées en scooter passait peu à peu, les activités du GVC pendant l'automne et l'hiver étaient surtout sociales. Les gars du GVC étaient bien connus dans la communauté scootériste et nous fûmes présentés à d'autres clubs comme les Coyotes, les Black Panthers, les Glasgow Spectrum et les Globetrotters. Et plus nous rencontrions de scooter-boys, plus notre conviction se renforçait qu'il fallait que nous nous débarrassions de nos ETS. Elles nous avaient permis de prendre pied dans le mouvement mais nous sommes petit à petit passés à des modèles PX plus traditionnels et qui nous paraissaient plus authentiques.

Quand le printemps revint, revinrent avec lui les rassemblements de scooters au niveau national et le moment de repartir sur les routes sur nos nouveaux engins. Bien entendu il aurait paru minable de se taper les longues distances en voiture, malgré le froid persistent et la pluie omniprésente. N'attendez donc pas une longue liste de dates, d'endroits et de distances parcourues... Mais je peux vous affirmer que tous les ingrédients du fun étaient réunis : bignouze, pétards, speed, vêtements trempés, tentes humides et port en continu de deux pantalons et de plusieurs couches de vestes et blousons. Mon uniforme habituel pour les virées ne changeait pas :

caleçon long, jeans, recouverts d'un pantalon de treillis, Doc ou rangers, T-shirt, pull, bomber ET cuir et peut être slip et chemise de rechange pour les urgences. Voyagez léger et sentez le pâté à la fin de la tournée...

Les anciens du GVC avaient un meilleur sens de la préparation et emportaient leur Thermos, leurs fringues multi-couches et leurs impers brevetés par les pêcheurs de la Mer du Nord. J'ai fini douloureusement par céder à leurs conseils après avoir subi l'expérience édifiante d'avoir passé plusieurs jours dans un état constant d'humidité et, sur l'autoroute du retour, avoir senti la pluie glacée s'infiltrer jusque sur mes burnes. Pendant une petite virée sur l'île écossaise de Millport, Richie et moi avons pénétré par effraction dans un camping pour caravanes et avons essayé de fourrer toutes nos affaires mouillées, y compris les grolles, dans le tambour d'un séchoir. Ça, c'était la vraie classe scootériste !... à rester assis avec nos slips humides devant la machine dans une cabane glacée avec la gueule de bois.

Je me souviens aussi de Millport parce que j'ai fini la virée à l'hôpital de Clydebank après une chute de scooter causée par ma tentative d'imiter sur la route nationale la très fine manœuvre d'un autre membre du GVC, consistant à tendre le bras pour attraper par surprise les fesses du type qui te précède. Bien que les autres virées s'entremêlent confusément dans ma mémoire pour cause de brouillard d'échappement de moteur deux-temps et de Buckfast, surnagent quand même quelques souvenirs : notre premier retour sur deux roues vers Scarborough (tombé malade à force de laper la Buckfast dans les flaques sur le front de mer), Girvan (toujours une bonne ambiance et facile d'accès), Rhyl (un putain de désastre), Morcombe (un putain de succès), et Skegness (bourré, pissé sur un bus-promenade du haut d'un pont avec Raymie et Richie).

J'ai honte d'avouer que j'ai souvent évité les virées qui nous amenaient en Angleterre trop loin au sud de la frontière comme l'île de Wight, Yarmouth et Brighton... Je trouvais vraiment trop monotone et pénible d'avoir à faire le tape-cul toute la nuit à 90 à l'heure. Les scooter-boys purs et durs seront peut-être saisis d'horreur devant cet aveu, mais il faut être honnête et reconnaître que c'est chiant comme la pluie. Les scooters sont parfaits pour la ballade urbaine et pas pour les longues distances. Et de toute façon, la portion d'autoroute désolée entre Glasgow et Carlisle rendrait n'importe qui dingue, surtout si vous devez vous la taper toutes les trois semaines.

L'expérience du scootérisme pendant la haute saison était intense et la plupart du temps vous étiez soit en train de vous préparer pour la prochaine virée soit en train de récupérer de la précédente. Du coup je prenais mes précautions pour ne jamais bosser plus qu'à temps partiel, histoire d'être sûr de disposer d'au moins un vendredi sur trois de libre, idem pour les lundis. Quand la saison se terminait, nous nous repliions sur les activités propres aux GVC, réunions, soirées et boîtes histoire d'entretenir l'atmosphère. J'ai même plus ou moins renoncé à mon look psycho, adoptant de plus en plus celui des scooter-boys, laissant ma banane se raccourcir pour aboutir à un tremplin court, et en finale même une boule-à-zed de skinhead. Le Psychobilly n'était plus qu'un élément de mon style de vie, et mon principal centre d'intérêt musical, ce qui était OK puisque la musique et les groupes psychos étaient largement acceptés et intégrés dans le mouvement scootériste des années 80. Je me suis laissé bouffer par la chose au point qu'un jour j'ai décidé de passer au niveau supérieur et de customiser mon PX.

Un week-end, j'ai démonté toute la carrosserie du Vespa, avec l'intention de repeindre la bête, de rajouter fresques et lettrages et de rallonger la perche pour en faire un *chopper*. J'avais tout bien en tête, un hommage dans les tons pourpres et chromés à mes héros Trash du début, les Vibes et les Purple Things. Puis quelque chose de bizarre arriva que j'ai encore du mal à m'expliquer. Un peu comme pour la chevelure de Samson, mon scooter démonté a mystérieusement drainé tout mon enthousiasme. Comme je progressais si lentement sur ma customisation, et que je ne pouvais même plus conduire la bête pour partir en virée, j'ai commencé à rater les rassemblements et les sorties en boîte. Et quelques semaines plus tard j'avais accepté un nouveau boulot dans le Nord et je laissai Glasgow derrière moi, ainsi que mon PX en morceaux. Les années 90 arrivaient, et plus jamais je ne grimperai sur la bête. Mes jours au GVC étaient bel et bien terminés.

Le PX 125 des légendes

9
RATTRAPÉ SUR LA BERGE DU RAVIN

CE NOUVEAU JOB ÉTAIT SITUÉ À INVERNESS, le dernier endroit de taille supérieure à la ville fantôme avant les solitudes glacées du Grand Nord, là où vos burnes se transforment en glaçons et risquent de tomber si vous n'y faites pas gaffe. Quelques années après avoir quitté l'école, et après une succession de stages foireux, j'avais dégoté un premier vrai boulot dans mon bled natal de Cumbernauld, dans une boutique appartenant à une grande chaîne de magasins de disques. Comme j'avais toujours apprécié toutes sortes de musique, ça ne me semblait pas du vrai travail et je progressai rapidement jusqu'à gérant du magasin. Comme j'étais jeune et con je n'avais aucun plan de carrière (c'est toujours le cas) et dès qu'ils me proposèrent ce poste de gérant à Inverness je l'acceptai. Comme c'était mon premier job à responsabilités, je croyais devoir faire mes preuves et me casser le cul pour les patrons. Je travaillais sans m'arrêter, du matin à tard le soir, et presque toujours sept jours sur sept. Une vie sociale quelconque était désormais hors de question et l'entretien de ma coupe de cheveux passa à l'arrière-plan de mes préoccupations. Je me retrouvais bientôt avec les tifs pendouillants et une raie sur le côté et ma garde-robe perdit à peu près tout de sa splendeur psycho. J'étais devenu M. Tout-le-monde mais n'avais même pas eu le temps de m'en apercevoir.

Après trois mois de ce régime de galère, je n'avais trouvé aucune trace de vie psycho ou scootériste à Inverness et je profitai d'une occasion de rentrer à la maison pour quelque jours. À ce moment là, Bob venait de se marier et se tenait à carreaux ; Tripney bossait dans le bâtiment à Londres et Big Bert commençait, le traître, à glisser vers la scène rave. Heureusement Raymie m'a contacté et nous sommes partis pour une soirée dans la bonne vieille tradition, débutant chez lui à écouter quelques vinyles de psycho en bouffant un curry avant de prendre le bus avec chacun une bouteille de Buckfast.

Le Hurricanes', cet antre Psychobilly à Glasgow, avait déjà rendu l'âme et une tentative avait été faite de lui trouver un remplacement. Un troquet appelé McSorley's faisait l'affaire ; une trêve armée avait été convenue entre la clientèle régulière et les fidèles de la banane et du tremplin, qui picolaient dans un petite pièce sous les combles. En arrivant je reconnus quelques tronches, et d'autres types avec lesquelles j'avais eu quelques « relations difficiles » ce qui semblait une éternité plus tôt ; mais comme la scène se rétrécissait, l'heure était désormais à la grande fraternité entre les divers 'billys. Il y avait aussi plusieurs nouveaux (pour moi) auprès desquels je fus introduit par Raymie. Parmi eux, quelques gars de Kilmarock qui formaient ce succès écossais à l'export dont j'ai déjà parlé, les Termites.

Nous nous sommes mis à picoler sérieusement et je réalisai progressivement que mes vieux potes et les nouveaux venus étaient comme cul et chemise et sortaient souvent ensemble. Ils avaient continué leurs aventures dans le Psychobilly pendant que je me cassais le cul comme un con dans un magasin de disque pourrave qui, horreur ! n'avait en stock aucun disque de psycho ou de Trash. Je me sentais comme un observateur de ce qui se passais dans ce bar, un touriste dans le monde du psycho – j'avais laissé la foi m'abandonner.

J'aperçus même à un moment l'un des gars que je venais juste de rencontrer me jeter un regard en coin rapide – l'air de dire, c'est qui ce beauf ? Avec mes cheveux plats et mes fringues de Prisunic, je me sentais soudain comme étranger à un mouvement dont j'avais fait pourtant partie depuis quasiment les débuts. Et ce fut comme un grand coup de poing en pleine tronche, « Bordel de merde ! Ma vie rock'n'roll ne peut pas se terminer alors que j'ai à peine entamé ma vingtaine. » Il fallait que je replonge dedans, et rapidement.

Le jour d'après je rentrai à Inverness, en écoutant les Meteors, King Kurt, Torment, Demented et Skitzo tout le long du chemin. Je servais à mes patrons un discours bidon sur le besoin urgent que j'avais de retourner vers Glasgow le plus tôt possible, et passai dans la foulée chez le coupe-tifs. Pour exorciser une bonne fois pour toutes l'influence beaufisante que ce bled nordique avait eu sur moi, je coupai les manches de ma veste en jean et plongeai le reste dans un seau de javel. Les patrons eurent leur vengeance en m'envoyant bosser dans leur plus petite boutique de daube à Irvine, mais qu'importe ! J'étais de retour près de la Grande Enfumée, de nouveau embanané (autant que possible avec ce qui me restait de cheveux) et comme bonus, j'apprenais que le Hurricanes' allait renaître, notre nouvelle seconde maison Psychobilly, sous le nom de Richard's.

10
LA SECONDE VAGUE

MALGRÉ UN BOULOT CHIANT À TRIFOUILLY-LES-OIES (désolé, Irvine, mais...) j'étais heureux de m'être rapproché de la scène psycho de Glasgow et d'avoir instantanément retrouvé un véritable sentiment d'appartenance. Les choses étaient presque comme elles avaient toujours été, sauf que la scène s'était un peu rétrécie. Mais du coup nous nous serrions les coudes et les vieilles divisions étaient oubliées. La fac de Strathclyde avait repeint ses murs et était désormais inamicale envers la meute psycho. Mais elle pouvait aller se faire foutre avec ses nouvelles décors pour yuppies. Nous nous sommes déplacés vers l'Union des Étudiants de l'Institut Universitaire Technique de Glasgow, suffisamment crade à notre goût. Strathclyde perdait du coup nos notes de bar. Mieux encore, le Richard's ouvrait ses portes, avec un nouveau propriétaire du nom de Richard (si si). Pendant quelques semaines il vit un certain nombres de psychos curieux jeter un coup d'oeil dans son antre plutôt tranquille et vint finalement nous demander pourquoi. Après avoir entendu nos histoires sur la splendeur rock'n'roll passée du Hurricanes', il nous accueillit à bras ouverts. Très rapidement, ce troquet à moitié enterré est revenu au sommet en passant de la bonne musique parsemée de temps à autres de morceaux psycho, en invitant quelques groupes à jouer en *live,* et même en introduisant du karaoké pour plaire à tout un tas de gonzesses éméchées qui bossaient dans les bureaux alentour. Ce qu'il ne faut pas faire pour vivre !

C'était la fin des années 80. Les jours de gloire des Meteors et de King Kurt sur des compagnies de disques importantes étaient bien finis, le Klub Foot avait fermé. De nombreux psychos étaient définitivement passé au scootérisme voire au hooliganisme, tandis que ceux qui n'avaient été là que pour suivre la mode avaient depuis longtemps sauté dans un des wagons suivants. Pas mal des groupes psycho ou Trash des débuts avaient déjà changé de personnel, changé de direction ou de style ou tout simplement abandonné - reposez en paix, Styng-Rytes, Sting Rays ou Tall Boys.

Malgré cela, l'ambiance n'était pas à la mort lente d'un mouvement épuisé ; au contraire, je sentais que le Psychobilly, en général, était en train de trouver son second souffle. Le réseau de groupes, de fans et de concerts devenait plus étroit certes mais aussi plus resserré et plus fort. Ceux qui étaient retournés à la normalité avaient laissé derrière eux les fidèles, encore et toujours debout. Certains groupes arpentaient toujours les planches, comme les Frantic Flintstones, Torment, les Coffin Nails et bien sûr les Meteors. Toute une horde de nouveaux groupes avaient également surgi sur les chemins poussiéreux qui reliaient les nouveaux repaires qu'étaient le Sir George Robey à Londres, le Billy's de Stoke et le Charlotte à Leicester. Certains groupes comme les Klingonz apportaient une influence toujours plus punk à la musique et d'autres groupes continentaux, Mad Sin en Allemagne ou Nekromantix au Danemark, donnaient une saveur toujours plus internationale au mouvement. Même les États-Unis nous envoyaient quelques groupes bien R'n'R comme les Quakes ou Elvis Hitler & the Hellbillys.

Les Meteors détenaient toujours la couronne du Psycho. Par un étonnant tour du destin mon vieux pote Raymie répondit à une annonce dans Melody Maker par laquelle Paul Fenech signalait la tenue d'auditions pour un nouveau batteur. Raymie était un as à la batterie et un fan hardcore des Meteors et bondit sur l'occasion d'un voyage vers le sud pour un petit concours de massacre de peaux. Il ne revint que pour faire ses valises et avant que nous nous soyons vraiment remis de notre surprise devant son incroyable réussite, il était dans l'avion pour une tournée au Japon.

Entre deux tournées internationales pour répandre le gospel psycho autour du globe, les Meteors ne participaient que rarement aux nombreux festivals psychos du Royaume-Uni, car ni Paul ni le Kattle n'éprouvaient beaucoup de tendresse pour les autres groupes. Toujours prêts à remplir un vide en tête d'affiche, en revanche, se trouvaient leurs compères pionniers du Psychobilly, les Demented Are Go. J'avais toujours été un fan de ces échappés de l'asile gallois, depuis que je les avais pour la première fois entendu sur la compil « Hell's bent on Rockin' » et ils avaient toujours du succès en concert depuis l'époque du Klub Foot. Ils avaient survécu à presque tous leurs partenaires de label (qu'était-il arrivé à Rochee & The Sarnos?). Bientôt leur réputation dans le monde entier n'en rendait qu'à celle des Meteors, d'autant que les Guana Batz commençaient à sortir de l'inconscient collectif. La plupart des shows auxquels j'assistais à cette époque offraient le spectacle d'une mer de T-shirts des DAG et de vestes de motards peintes ; leurs interventions étaient toujours de qualité, et ils n'hésitaient pas à user de leur répertoire de grands classiques du genre.

Pour ce qui est de la « deuxième vague », on peut affirmer que l'étoile la plus brillante en était les Klingonz, alias The Klingz ou le Kling Klon Klan. C'est mon vieux pote de Kilsyth, Tripney, qui me les a fait connaître pour la première fois après les avoir rencontré à Londres. Il leur servait de chauffeur de temps à autre et c'est son van au décor blanc et noir de vache Holstein qui figure sur la couverture de leur album « Flange ». Au moment où nous les avons rencontrés, leur premier bassiste Strangy était déjà parti et Eddie (qui rejoindrait plus tard les Demented et Thee Exit Wounds) avait rejoint le navire.

Je ne sais plus si je les ai vus en concert avant ou après les avoir entendus sur vinyle mais dès le début je trouvais que leurs albums étaient vraiment originaux et que leurs spectacles étaient *toujours* démentiels : jamais de demi-mesures avec eux. En fait je n'avais jamais vu de groupes faire autant d'effort pour se mettre en conditions pour leurs shows. En dehors de la scène ils pouvaient bien se contenter de glander comme des salauds, mais quand ils se préparaient à jouer *live* ils étaient mortellement sérieux quant à la qualité du spectacle offert. Et même avec le nombre considérable de concerts par lesquels ils sont passés, ils arrivaient toujours à mettre le feu et les spectateurs terminaient la soirée ou la nuit bien convaincus d'avoir été « Klingué » pour leur argent.

Les maisons de disques spécialisées, Nervous, Fury, Raucous ou Dojo & ID continuaient à alimenter le mouvement avec une sélection de bons albums, signant de nouveaux groupes d'ailleurs en Europe et produisant un flot continu de compils rassemblant le meilleur des anciens et des nouveaux. Bien entendu les *majors* avaient perdu tout intérêt mais le Psychobilly gardait une santé de fer et les nouveaux groupes avaient de meilleures chances encore de décrocher un contrat. Bientôt des groupes comme The Lost Souls, The Hangmen, The Surfing Wombatz et (enfin!) les Highliners trouvèrent leur place dans la collection de disques des psychos britanniques.

En particulier, des compils comme la série des « Psycho Tendencies » ou des « Zorch Factor » permirent de graver pour l'immortalité, à côté de groupes plus connus, quelques étoiles filantes à l'éclat violent mais bref au firmament de la constellation psycho, comme les Shakin' Bones, les Sugar Puff Demons ou Grovelhog... Avant qu'ils ne disparaissent tous dans les sombres annales de l'histoire du genre. Et n'oublions pas les fanzines, comme le regretté « Deathrow Database » qui garda la flamme tout au long de cette deuxième vague et au-delà, quand les vaches s'amaigrirent. Ainsi, au tournant des années 90, la scène psycho anglaise était plus petite que quatre ou cinq ans plus tôt, mais avec le reste du monde qui montait à bord il y allait encore y avoir des beaux jours pour les irréductibles.

11
LES CHIENS ABOIENT, LES CARAVANES PASSENT
Expérience collective à Hemsby

SI BESOIN ÉTAIT ENCORE DE PROUVER que le Psychobilly était loin d'être mort, je reçus un matin dans ma boîte aux lettres une grosse enveloppe marronnasse qui trompetait la tenue du tout premier « week-end Psychobilly » à Hemsby près de Yarmouth. C'était un nouveau concept pour moi mais j'appris bien vite que des week-ends Rockabilly et Rock'n'Roll se tenaient déjà régulièrement depuis des lustres. Alors quoi : trois jours et trois nuits, une tétrachiée de groupes psychos, des fleuves de bières, des montagnes de pétards, le tout fourré on ne sait pas bien comment dans un camp de vacances moisi et hors saison datant de l'immédiat après-guerre ? PUTAIN, ouais !

Je fis le tour des pubs habituels avec les copies du bulletin de réservation qui m'était parvenues et la plupart des suspects habituels sautèrent sur l'occasion. On ne pouvait pas se permettre de rater ce qui allait faire une grosse tâche sur le paysage psycho. Un vendredi matin juste après l'ouverture, nous nous sommes rassemblés au Richard's pour l'apéro, en attendant Stix et son minibus camouflé. On avait chacun un sac avec quelques T-shirts et jeans, quelques palettes de biniouze et de la Buckfast au cas où ces cons d'Anglais ne vendraient pas cet élément primordial de notre écossitude. Les organisateurs du festival avaient prudemment suggéré que l'on amène quelques « indispensables » comme un sac de couchage ou du PQ. Pour le PQ, OK, mais tous ces petits sachets de poudre blanche qui circulaient entre nous laissaient à penser que nous ne verrions pas l'usage du sac à viande.

Avec moi, en route vers l'inconnu, se trouvaient Raymie (mon vieux pote de Cumbernauld), Pat (le premier du *posse* de Glasgow à nous tendre la main de l'amitié, il y avait une éternité de cela), Moorsy (fausses dents, tatouages et toujours le premier à rentrer dans l'ambiance de la fête), Kev la Gerboise, Scotty (capable de rester debout toute la nuit, et toute la journée suivante et ainsi de suite), Easterhouse Ian (comme son nom l'indique), Tonto (la légende Rockabilly de Glasgow), Brian (l'un des tous premiers à porter des futals de cuir), et Stix le chauffeur. Nous étions souvent partis pour des concerts dans le Sud ensemble, mais l'idée de passer un week-end long entier dans des chalets pour prisonniers de guerre (ou presque) était un concept nouveau. Effectivement les infrastructures allaient se révéler très spartiates... mais malgré tout, après Hemsby *numero uno* nous attendrions impatiemment les suivants !

Alors que nous foncions sur l'autoroute la soirée commençait : les joints circulaient et les capsules de Buckfast étaient vigoureusement dégoupillées. Ian était capable d'imiter le coup de sifflet du berger appelant son chien, ce qui déclenchait la panique dans les prés que le van longeait, avec les crétins de moutons qui partaient dans tous les sens et se chiaient dessus. Son numéro nous a tenu dans un état de rire hystérique jusqu'à bien après la frontière (l'herbe devait être de bonne qualité). Arrivés dans les Midlands, alors que l'obscurité tombait, nous étions déjà bien avancés sauf Stix, sobre comme un juge, qui gardait le pied au plancher et nous propulsait vers notre Walhalla Psychobilly.

Quelques pauses pipi et ravitaillement plus tard, l'ambiance se calmait à l'arrière et la plupart des passagers piquèrent du nez. Je restais avec Stix à l'avant, accompagnant ce guerrier de la route en rechargeant régulièrement l'autoradio avec des cassettes de psycho que j'avais préparées.

À l'aube, le van roulait encore et tout le monde a attaqué son petit-dèj' psycho – deux paquets de Chips, un pétard, quelques barres Mars et une canette tiède. Rien de plus éloigné de nos esprits que la douche et des habits propres – haleines de chacal et quéquettes sales étaient au rendez-vous, comme aux plus beaux jours des virées en scooter. Au matin, nous étions enfin proches de Yarmouth et nous nous sommes mis à chouffer pour trouver un signe indiquant Hemsby. Est-ce que c'était une ville ? Ou à la plage ? Après avoir agressé quelques indigènes nous avons enfin trouvé l'endroit. Achtung ! Donner und blitzen ! Nous étions arrivés à Bunker-sur-Mer !

Nous fûmes d'abord accueillis par Del, de Fury Records, qui était tout sourire. C'était la première fois que je le rencontrais mais j'appris à savoir que malgré son statut de *capo* dans une maison de disque il était toujours au poil, ouvert et chaleureux. Comme nous étions dans les premiers sur place il nous a fait sentir que nous étions les bienvenus, nous a enregistré, nous a montré nos chalets et nous a fait comprendre de ne pas tout détruire sinon nos cautions seraient aussi *kaputt*. Nous avons vérifié l'état final de la programmation, rédigée à la craie sur un vieux tableau, et l'atmosphère s'est mise à grimper en température. Le week-end commençait ! Ceci dit l'endroit était encore très calme vu notre heure d'arrivée et il n'y avait que quelques autres psychos qui erraient entre les « chalets ». Ceux-ci consistaient en de long blocs de béton sur deux étages, abritant chacun quatorze logements, et groupés par quatre sur un espace d'herbe miteuse. Ce schéma se répétait sur l'ensemble du site. Bonjour les vacances avec Papa, Maman et Grand-Mère dans un endroit pareil, mais RAB, c'était la morte saison et au fur et à mesure que les chalets se remplissaient, une communauté psycho se formait ex-nihilo pour trois jours de défonce.

Nous ne nous sommes même pas disputés pour les lits car il n'était pas question de dormir. Nous avons jeté nos sacs dans la chambre et rempli le frigo avec nos petites emplettes. J'étais en piaule avec Raymie, Stix et Tonto. Les autres étaient en face, Tripney manquait à l'appel mais était sur le chemin , remontant de Londres dans un des psycho-bus spécialement affrétés. À midi nous étions déjà bien avancés sur le chemin d'une biture de bon aloi.

Pour cette raison, l'essentiel du week-end est passé dans un brouillard confus mais je me rappelle le pied total ressenti à l'idée de prendre part à un rassemblement de peut-être mille psychos venus du monde entier, buvant, dansant, tirant sur la beuh, baisant et simplement glandant ensemble dans ce plutôt petit camp de vacances. L'atmosphère était électrique avec de grands groupes qui jouaient à quelques mètres de nos piaules et des types impecs à la sécu qui faisaient preuve d'un discernement de bon aloi. Nous avions liberté totale pour errer entre l'endroit où était la scène principale et tout un tas de réjouissances organisées dans les chalets, et comme nous étions enfermés dans un camp privé, nous étions aussi libres de picoler où bon nous semblait, dedans, dehors ou même le cul dans les quinze centimètres d'eau stagnante du bassins pour enfants.

Pas une fois je n'ai éprouvé le besoin de mettre le pied hors du centre, vu que tout ce que je voulais se trouvait à l'intérieur du périmètre, constitué d'enclos de fils de fer barbelé, histoire de nous mettre dans l'ambiance. Et j'appréciais tellement tout ce qui s'y passait que quand le sommeil pointait son nez j'avais peur de m'endormir et de rater un peu de l'action (ou bien de me réveiller avec les sourcils rasés... Ou pire encore). Quand lundi arriva nous étions tous totalement dans le coltard mais nous avons quand même tenté un vague nettoyage du chalet dans l'espoir insensé de récupérer tout ou partie de la caution. En repartant sur la route, un peu plus calmes, nous préparions déjà la prochaine virée car nous savions que ce genre d'événement allait devenir un élément essentiel de notre vie psychobilly. Les Rumbles 2 et 3 vinrent et passèrent dans le même esprit de fête et de musique, mais le quatrième Big Rumble s'annonçait comme quelque chose d'un peu plus spécial.

12
LA NAISSANCE DES REDNECKS

IRONIQUEMENT, COMME LA DÉCENNIE S'ACHEVAIT et que la seconde vague du Psychobilly se formait, mes efforts continus pour atteindre la célébrité par le rock commençaient à sérieusement battre de l'aile. Mon groupe de l'époque appliquait à la musique les mêmes thérapies de choc que les précédents, mais portées à l'extrême, comme en témoignait son nom de Hell, Death & Breakfast : *L'enfer, la Mort et le P'tit-dèj'*. Malheureusement ce nom était à peu près la seule chose de convenable dans le grondement permanent de speed metal que nous produisions, dans le style de Napalm Death, sans savoir que Skitzo, l'une des légendes psycho des débuts, avait pris la même direction mais avec beaucoup plus de classe. Le groupe était formé de Kev, Stix et moi (avec des longues perruques) et de deux métalleux locaux, surnommés James Blast « L'explosé » et Heatnin' Plumbin' « Chaud les tuyaux ». À part une vidéo assez marrante tournée pendant un concert où un demeuré du coin avait réussi à se péter la jambe, le reste du travail du groupe pourrait être qualifié sans fioritures (dans la tradition speed métal) de Nul à Chier.

Une fois que les restes du Petit-Déjeuner ont été rangés là où ils le méritaient, c'est à dire au vide-ordure (à défaut de l'enfer), j'eus le sentiment qu'il fallait reprendre le flambeau des Razorbacks mais cette fois avec un son plus authentiquement Psychobilly. J'étais sûr cette fois que nous nous ferions remarquer car les labels (Fury, Nervous, Link et Raucous) lançaient leur filets de façon plus large et systématique et signaient des groupes partout dans le Royaume-Uni, en Irlande ou sur le continent. Nos collègues écossais les Termites étaient bien partis, et avec tous les albums de compils qui sortaient, j'avais bien l'intention de ne pas rater le coche ce coup-ci. Kev et Stix étaient d'accord et nous nous sommes mis en chasse pour un bassiste. Pas longtemps puisque la quête commença et se termina un vendredi soir au Richard's. Nous étions en train de parler de la fin abrupte rencontrée par H, D & B quelques semaines auparavant. Le groupe n'avait pas survécu au show lamentable dont il s'était rendu coupable en première partie de The Bad Men, un groupe de Glasgow s'inspirant des Macc Lads[27]. Notre humiliation publique causait l'hilarité de nos potes psycho qui nous confirmèrent aimablement que nous avions été minables depuis nos débuts. Je mentionnais du coup que nous souhaitions former un vrai groupe psycho et que nous avions besoin d'un bassiste, et Murray nous offrit immédiatement ses services. Murray était un « fesseur de planche » à quatre cordes de grande qualité qui avait déjà joué dans feu le groupe de psycho de Glasgow les Talismen (avec Raymie et Pat) quelques années plus tôt, mais sa basse prenait la poussière. Il fut généreusement accueilli à bord et tout le monde se retrouva pour la première session de répét'. Murray s'intégra immédiatement, il avait un style « promenade » bien au point à la basse électrique avec une influence Meteors très marquée et gérait sans problème tout ce que nous lui balancions. Mieux encore, il était l'un de nos camarades de la scène psycho depuis

---

[27] Les Macc Lads, groupe de punk/metal anglais des années 80 aux paroles délibérément grasses, sont restés dans l'histoire comme l'un des plus souvent interdits de concert pour cause de comportements déviants de ses fans.

les débuts et maintenait une banane impeccable. Comme nous étions à l'aise les uns avec les autres, et partagions la même idée du son auquel nous voulions aboutir, tout marchait comme sur des roulettes. J'écrivis quelques chansons sur les thèmes psycho habituels que sont la lubricité adolescente, les cochons enragés et les bagnoles américaines. Stix, qui était aussi un grand fan des Macc Lads, pondit quelques paroles bien crades tandis que Murray nous amena son catalogue de sujets portant sur la mort, le meurtre et les cimetières. Kev quant à lui ne partageait pas notre foi dans le génie lyrique du Psychobilly (on se demande bien pourquoi) et s'abstint d'écrire, mais nous abreuvait d'un barrage continuel de twangs, de riffs et de solos de gratte.

Ce dont nous avions besoin par dessus tout, c'était d'un nom qui serait le reflet de notre son psycho-plouc. À cette époque j'écoutais aussi beaucoup de country-rock comme Charlie Daniels, le célèbre auteur de *Le Diable débarqua en Géorgie* (*The Devil Went Down To Georgia*). Sur son dernier album, « Simple Man », le meilleur morceau était un truc d'inspiration très reaganesque intitulé *What The Worl Needs is a Few More Rednecks* (*Ce dont le Monde a besoin, c'est d'un peu plus de bourrins*). C'était une chanson bien rock qui traitait du fait qu'aux États-Unis, « Redneck » avait des connotations péjoratives et racistes alors qu'en fait (disait-il) les rednecks n'étaient rien d'autre que les travailleurs américains de base.

Mais il faut dire que nous ne nous sommes pas vraiment intéressés au sens second ou profond du mot. The Rednecks nous apparaissait être un nom de groupe tout à fait approprié et de toute façon, au Royaume-Uni, le mot n'avait aucun putain de sens particulier. *What the World Needs is...* a été accéléré d'un ou deux crans et devint l'une de nos nombreuses reprises. Avec un nom et à peu près une demi-heure de bruit, préparé et répété, les

Rednecks étaient prêts à jouer leur rôle éminent dans l'histoire du R'n'R écossais.

**Les Rednecks,
ou l'inégalité devant la calvitie.**

Notre premier concert eut lieu au Rooftops Nightclub à Glasgow, une boîte qui se permettait de temps en temps des soirées rock et nous avait permis à nous autres provinciaux d'apprécier pour la première fois, des années auparavant, les brillantes prestations *Live* des Meteors, King Kurt, Guana Batz ou Frenzy. En fait Pat et moi avions également monté une petite boîte de production de concert (appelé Deathshead Productions) et dans un bel élan de népotisme, nous nous étions nous-mêmes programmés sur l'affiche de notre première prod', un concert des Long Tall Texans avec les Termites en soutien. Notre show a eu un bon accueil du public mais était un peu trop frénétique pour moi, car j'ai dû sauter de la vente de billets à l'entrée directement sur la scène et suis ensuite passé sans transition à la case DJ pour le reste de la soirée.

La préparation du concert des Texans nous avait motivé mais après nous sommes repassé à un rythme plus relax, trop relax même ce qui était un signe précoce des échecs futurs. Cela nous prenait tout simplement des éternités pour arriver à faire quoi que ce soit, y compris les bases comme les nouvelles chansons, les démos pour la promo et la recherche de nouvelles occasions de jouer. C'était déjà comme ça à l'époque des Razorbacks et nous sommes retombés inconsciemment dans les mêmes travers avec les Rednecks, qui finalement ne joueraient, au cours de notre brève carrière, que quand nous serions approchés par des promoteurs. Nous étions réactifs voire inactifs au lieu d'être pro-actifs. Et pas seulement parce que nous étions des gros verrats paresseux, mais aussi parce que nous avions d'autres chats à fouetter, comme le vrai job de Stix et ses histoires d'amours, la paternité très proche de Murray, mes propres reconnaissances dans les domaines annexes du film, de la TV et de la musique et quant à Kev' Le Perv', je ne sais toujours pas ce qui le tenait éveillé pendant les longues nuits d'hiver mais ça avait l'air de bien l'occuper.

En illustration de notre attitude désinvolte, notre concert suivant n'eut lieu que sept mois plus tard, à l'occasion là encore d'une production Deathshead. Cette fois-ci nous devions être en première partie des formidables Demented are Go. Cette soirée à été bien plus mémorable, puisque j'ai réussi à déléguer le boulot de vendeur à l'entrée et que je me suis retrouvé backstage avec nos amis gallois à nous enfiler 48 canettes de bière « Charger » (une pisse d'âne qui ne dépassait pas les 1,5%), qui plus est largement arrivées à péremption. Et juste pour rendre le tout encore plus intéressant, Mark, le chanteur des DAG a disparu juste avant le soundcheck et a dû être pisté et exfiltré d'un repaire à clodos shootés au speed qu'il avait réussi à dénicher...

Nous avons commencé le set par notre chanson d'intro de haute volée *Razorback Attack,* suivie par une reprise à toute allure du *Wild Man* des Purple Things (Note pour les puristes: oui, je sais qu'il s'agit en fait d'un classique psychédélique des années 60, mais notre reprise s'appuyait sur la reprise des Purple. Putain de post-moderne !). Tout se passait excellemment, j'avais même de l'espace pour bouger sur la scène ce qui me changeait des trous à rats dans lesquels mes groupes d'avant jouaient. Je sentais bien que notre son était bien plus au point que pour nos tentatives précédentes, ce que l'on pouvait mettre sur le compte des compétences instrumentales de Kev, Stix et Murray plutôt que sur celui de mes vocaux légèrement incohérents. J'ai toujours privilégié le spectacle par rapport à la rétention anale musicale, et je sautais souvent des vers ou bien chantais sur les solos si je me laissais emporter par l'enthousiasme, et posais mes burnes sur le billot de l'assistance, pour ainsi dire. Et de toutes façons le groupe couvrait mes gaffes sans trop de problèmes.

J'ai aussi toujours cru aux bienfaits de l'attaque frontale, destinée à sortir les spectateurs de leur léthargie habituelle envers le groupe en soutien dès notre arrivée en scène. Les montées en puissance *crescendo* pouvaient aller se faire foutre, on partait à toute vitesse et on terminait à fond. Pour cette raison les apparitions des Rednecks comme de mes premiers groupes étaient toujours assez brèves. Un groupe nouveau qui encombre la scène pour plus de trente minutes en première partie est du temps gâché pour lui, et de l'argent perdu pour les spectateurs venus voir les célébrités en tête d'affiche. Vas-y fort, vas-y à fond, et quitte la scène. De cette façon, si vous êtes bon, les spectateurs ne s'en remettront pas et si vous êtes à chier, ils auront à peine le temps de s'en apercevoir et d'y penser. Cette nuit là c'est exactement ce que nous avons fait, nous avons produit un spectacle en tous points costaud, dégagé à l'heure, et laissé la place aux Demented qui étaient la vraie raison pour laquelle le bon peuple avait craché sa thune.

Dans un élan d'énergie franchement inhabituel, nous sommes remontés sur scène à peine quelques semaines plus tard pour la soirée Halloween, dans notre pub favori, le Richard's. Vu la date, les déguisements étaient de rigueur ; nous sommes montés sur scène en costumes « Orange Mécanique » et avons joué devant un assortiment de monstres de foire, d'infirmières nymphos, de vicaires sataniques, d'hommes des cavernes, de danseuses de ballet aux jambes velues et de sosies plus ou moins crédibles de Chuck Berry. La qualité du set était peut être un peu dégradée, surtout du fait que j'avais oublié un bon paquet de paroles, mais j'étais estomaqué de voir ce petit pub rempli à craquer de Psychos et de Psychettes dans des accoutrements les plus variés. J'essayais de deviner qui était qui et cela gênait considérablement ma concentration, mais heureusement, Kev, Murray et Styx ont dissimulé (une fois de plus!) les nombreuses preuves de mon incompétence en gardant leur jeu aussi serré que l'ouverture d'un portefeuille d'Écossais.

Je sentais confusément que la scène de Glasgow était la plus étroitement soudée qui puisse être, précisément à ce moment-là. Au point que personne n'était gêné en se trimballant aux trois-quart à poil ou en costume devant tous les autres fidèles. Mais ce fut en fait aussi le moment à partir duquel l'esprit qui maintenait le mouvement psycho à Glasgow commençait à se diluer, et à aucune autre occasion, qu'il s'agisse de nos concerts suivants ou d'un autre événement, je ne vis dans cette ville autant de ces gens rassemblés au même endroit dans le même bon esprit.

Cinq mois d'inactivité suivirent pour les Rednecks, au bout desquels nous sommes arrivés à nous pied-au-culter, à enregistrer une démo sur six pistes et à en faire la promotion auprès des huiles du Psychobilly britannique. Les résultats furent presque immédiats et nous avons décroché dans la foulée une série d'engagements pour des concerts, au Billy's à Stoke, au 4ème Week-end « Big Rumble » à Yarmouth et au Sir George Robey dans la bonne vieille ville de Londres.

De même la démo a été postée à Del de Fury Records, que j'avais abordé pendant l'un des week-ends Psychobilly précédent à Hemsby dans un état d'ébriété avancé. Peu de temps après, il m'a appelé lui-même et m'a parlé d'un contrat pour sortir une édition limitée de 45 tours en vinyle de couleur. J'ai commencé par paniquer en pensant que nous allions devoir payer les frais du voyage jusqu'à Londres et ré-enregistrer les morceaux. On avait tellement peu de pognon qu'après notre session en studio pour la démo, nous n'avons pas pu nous payer les bandes elles-mêmes et n'étions reparti qu'avec une seule cassette audio (de qualité supérieure, certes). Del m'assura qu'il pouvait masteriser le 45T à partir de cette source et je lui postai la cassette. Je vous entends d'ici, vous tous, musicos, audiophiles, ingénieurs du son, hurler à la mort et hocher la tête en répétant, incrédules, qu'on ne peut pas faire un disque correct comme ça. Mais j'ai toujours eu une bonne part d'idéalisme punk, et je reste persuadé qu'il vaut mieux sortir quelques bonnes chansons avec une méthode cheap que de dépenser des thunes (surtout quand vous n'en avez pas) en créant une symphonie sonique immaculée qui sera chiante à force d'être surproduite. Del n'avait de toute façon aucunement l'intention de cracher les frais d'enregistrement, donc s'il était content avec ce qu'on lui fournissait et voulait le distribuer, qui étions-nous pour taper du pied comme des mômes trop gâtés et exiger d'aller en studio ? Bien que Kev et Stix estimaient à raison que la démo ne mettait pas suffisamment en valeur leurs talents de guitar-hero et de batteur maniaque, j'arrivais à les persuader qu'un tiens valait mieux que deux tu l'auras et la production du 45t put commencer.

Les morceaux que nous avons choisis était la crème du répertoire des Rednecks. D'abord un souvenir de notre folle jeunesse dans les Razorbacks, nommé à juste titre *Razorback Attack*. Un morceau certes aussi vieux pour nous que la barbe du Père Noël, mais toujours assez énergique et adapté à une petite séance de *wrecking* en chambre. J'avais à l'époque moi même écris les paroles avec une vague influence « Mad Max » et c'était notre première « œuvre » construite sur un tempo vraiment psycho.

Le second morceau était *Jailbait (De la foufoune à la zonzon)*, encore aujourd'hui l'un de mes favoris, un délicat mélange de Psychobilly et de punk garage. Si nous avions pu continuer à sortir des morceaux dans cette veine je suis sûr que notre avenir aurait sonné bien différemment. Le son assez lourd, presque surf, arrivait heureusement à détourner l'attention des paroles se rapportant au sexe avant l'âge légal.

Face B : *Line Up Linda (Tous derrière Linda)* vous souhaitait la bienvenue. Notre tentative la plus éhontée de copier les Macc Lads qui nous emmènerait, pour le meilleur et pour le pire, sur une voie encombrée de porno et d'humour scato, sur un mélange psycho/punk. je suis sûr que le titre vous permet d'en deviner le contenu général et NON, la chanson n'a pas été écrite à propos de quelqu'un que nous connaissions.

Enfin pour terminer le tout en beauté outre morceau le plus bizarre, *Handjob Baby (Branle-moi Baby)*. Bien que j'adorasse cette chanson et ses paroles bien perverses (signées de Stix), j'estimais qu'elle avait le potentiel de nous fâcher avec une bonne partie de n'importe quelle audience psycho. Malgré quelques moments plus rapides, elle est bâtie en fait sur un canevas lent (presque funk) dans un style quasi-rock progressif. Dans les répétitions on partait régulièrement en vrille, et on s'amusait à faire des versions de vingt minutes avec des changements de tempo incessants et des solos à foison sur tous les instruments. Il y avait même une version reggae. Jouer la chanson en entier dans toute sa splendeur en concert aurait été du suicide, un peu comme ce moment héroïque de jazz progressif dans le fim culte des hardeux, « Spinal Tap », mais même une version drastiquement réduite devait laisser pas mal de gars dubitatifs. Mais bon, n'importe quelle chanson qui fait rimer 'amour naissant' avec 'turgescent' ne peut être entièrement à jeter.

Après l'expédition de la cassette la question suivante fut celle de la publication. Del nous dirigea sur Roy Williams, le gardien du Temple Sacré de Nervous Records. La plupart des poulains de Del passaient par l'écurie Nervous donc nous n'avions pas de problèmes avec cela. Nous avons rempli la paperasse et dans un élan de solidarité fraternelle, nous avons décidé de ne pas distinguer les auteurs des paroles et de la musique. Toutes les chansons étaient donc attribuées à Brackenridge / McAllister / Murray /

Younger et nous allions tous toucher les même royalties, qui ne manqueraient pas de couler à flot (Yark yark). Même si Stix et moi étions à l'origine des paroles, nous avions construit les chansons sur des lignes de guitare et de basse donc c'était bien un travail en commun. Et puis, que se rappèlerait plus tard le bon peuple qui aurait écouté une chanson comme *Razorback Attack* ? Les paroles poucraves ou l'ambiance rock'n'roll de la chanson ? Oui, vous pensez comme moi.

    La dernière étape de la prod' a été la création d'une pochette couleur. Del n'avait rien contre l'idée de nous laisser faire notre propre pochette, et heureusement Kev avait une solide expérience de graphiste, alors on s'est mis au boulot. Mon idée initiale était d'avoir nous quatre dans la salle d'attente d'une clinique pour maladies sexuellement transmissibles et d'intituler le disque « Line Up Linda and Other Stories ». Mais Del et Roy ont failli se pisser dessus en recevant cette propal et ont déclaré que cela ne faciliterait pas la distribution de notre chef d'œuvre. Peut-être étais-je naïf mais j'avais l'impression que mon projet était plutôt soft par rapport au standard psychobilly. Toujours est-il que je cédais et laissais Kev s'en occuper désormais.

    Le moment semblait venu de se lance dans notre première séance de pose. Alan, un de nos potes, se débrouillait pas mal avec un appareil photo et nous l'avons réquisitionné pour organiser une petite session dans une vieille ferme à Kilsyth. Big Bert connaissait le fermier et celui-ci nous laissa le « libre usage » des bâtiments et du terrain. En arrivant nous avons vite compris qu'un minimum d'idées étayées et d'organisation auraient pu nous être utiles dans ce genre de circonstances, pour éviter de gâcher une pellicule entière à rester debout n'importe où comme des glands pendant qu'Alan essayait de nous persuader de nous décontracter. Si nous avions pensé à un thème, ou à un look particulier, peut-être aurions-nous pu en venir plus rapidement au fait. Heureusement qu'il ne nous facturait pas des centaines de livres à l'heure comme les grands pros, et s'était laissé tenter par quelques bières et le remboursement de ses frais. Le problème était que nous savions parfaitement ce que nous ne voulions pas, mais ne savions pas ce que nous voulions (c'est clair?).

La plupart des photos de pochette psycho tombaient dans l'une des trois catégories suivantes : 1/ tous les membres du groupe regardant l'objectif avec un air maussade, 2/ le groupe jouant live ou faisant semblant ou 3/ le groupe en train d'errer sans but apparent. Ces photos (sauf celles en concert) sont en général prises dans un cimetière (Skitzo, Coffin Nails...), dans une ruelle isolée (Surf Rats), ou bien avec une vieille caisse américaine, généralement appartenant à quelqu'un d'autre (Guana Batz) ; toute combinaison était possible et même bienvenue.

Le regard sombre n'était pas vraiment pour nous, nous avons essayé quelques variations sur ce thème mais avons fini par conclure que faute de pouvoir faire aussi bien que les Meteors sur la couverture de « Wrecking Crew », standard absolu de la pose vraiment menaçante, ce serait une erreur de les singer. Pas question non plus de photos en concert car la plupart de nos potes étaient trop bourrés dans ces occasions pour prendre des clichés corrects et en plus nous ne souhaitions pas risquer de montrer l'éventuelle faible densité du public devant la scène.

J'aurai aussi aimé jouer la carte « défoncé » mais l'herbe qui fait rire ne poussait ni ne fleurissait à la ferme, et je me suis refusé à faire couler la bière pour détendre l'atmosphère car je me mettais à loucher après quelques pintes. Et puis dans ce domaine aussi nous ne pouvions espérer arriver à la cheville des Termites, sur l'arrière de la pochette de la compil « Psycho Tendencies », quatre alcooliques dans une allée, un grand classique du portrait de groupe. Avec les cimetières et les Cadillacs non disponibles, et l'idée de rester debout avec nos instruments à plusieurs kilomètres de toute source d'électricité ne nous branchant pas, nous nous sommes traînés entre l'étable, les meules de foin et les machines à traire... Le résultat final se résuma à quelques poses ridicules qui me font encore ricaner aujourd'hui, mais nous avons pu en sauver quelques unes d'à peu près valables qui furent confiées à Kev.

Quelques semaines plus tard une pile de copies du single des Rednecks, « For A Few Rednecks More » passa ma porte et je me jetais fébrilement sur ces quelques centimètres d'art brut. C'était bien produit et gravé sur du vinyle rouge sang, et j'avais un vrai sentiment de satisfaction d'avoir finalement un disque entre les mains sans avoir dû le faire graver nous mêmes. Ce stock n'a pas duré longtemps car après répartition égale entre les quatre membres du groupe, beaucoup de nos potes réclamèrent aussi leur copie gratos, les sales pingres, et au lieu de m'en servir à des fins promotionnelles je me suis retrouvé à les distribuer à tous vents à ces putains de radins d'Écossais. Nous avons quand même réussi à en conserver quelques unes et notre tour de promotion (quelques sets) commença.

Je ne voudrais pas être vexant envers la bonne ville de Stoke mais si le Billy's ne s'y était pas trouvé par une quelconque aberration spatio-temporelle je ne suis même pas sûr que j'en aurais jamais entendu parler. Billy's nous fournissait quelques superbes spectacles Psychobilly au nord de Watford. À la base, c'était une salle au dessus d'un bar, qui ressemblait de l'intérieur à une vieille église avec une scène apparemment construite avec des tableaux noirs et des caisses de bière. Le club était une sorte d'oasis pour les psychos écossais en manque. Il y avait toujours pas mal de monde et c'était une alternative plus proche que Londres pour les événements impliquant plusieurs groupes.

J'ai du mal à me souvenir de ma première descente au Billy's, pour un concert avec les Demented en tête d'affiche, où nous étions descendu en van. N'étant pas, à ce moment là (et très temporairement), détenteur d'un permis de conduire valide, j'étais resté à l'arrière pour me torcher consciencieusement et j'étais rond comme une queue de pelle en arrivant au club. Mais mon cerveau reptilien a néanmoins gardé la mémoire d'une grande soirée et les habitués étaient plutôt accueillants. Pas assez accueillants, toutefois, pour donner à huit bouffeurs de *haggis* ivres un coin de parquet où s'effondrer pour dormir, aussi avons nous dû nous serrer pour la nuit dans le van. Comme souvent, il n'y avait qu'un minimum d'anticipation stratégique qui consistait en : plan A : espérer qu'une âme charitable prendrait pitié de nous collectivement, ou plan B : entretenir l'espoir infiniment supérieur de dégoter un plan cul et un lit chaud. Autant dire qu'aucun des deux plans n'était souvent réalisé (vous n'en saurez pas plus, bande de pervers).

Nos déplacements suivants à la Mecque du *stomping* de Stoke est un peu plus facile à se remettre en mémoire, car c'était pour un concert des Rednecks à l'occasion de la sortie du disque. Stix, Kev et moi, ainsi que le Puma Noir, y descendirent dans la bétaillère de Stix, tandis que Murray opta pour un mode de transport un peu plus civilisé et arriva en voiture avec sa femme et un autre couple. Nous étions en bas de l'affiche, sous les Demented, les Coffin Nails et The Hangmen, un excellent groupe allemand de la seconde vague, ce qui fait que nous étions programmé très tôt dans la soirée. Mais le public s'est montré charitable malgré tout. Dès ma descente de scène je commençais à picoler et une nuit de plus se termina à plat ventre dans le van avec une pile de 45 tours des Rednecks invendus comme seul oreiller.

L'apothéose de cette tournée de promotion arriva peu après un second concert au Billy's, quand Del nous demanda de descendre participer au 4ème Festival Big Rumble à Yarmouth. Enfin nous avions la chance de jouer devant un public venu de toute l'Europe et au-delà. Cette fois nous avons décidé de nous préparer un peu pour l'occasion et nous avons même réussi à placer quelques répètes et à écrire quelques nouvelles chansons pour renouveler un peu notre set. En outre, je créai une grande affiche sur laquelle figurait en grandes lettres le cri de guerre « Line Up! », que je comptais agiter pendant le concert sous les yeux de la foule pour les pousser à entonner en

The Rednecks promo blitz continues, 1992. Promoting our rockin' but unreleased classic, 'HuntShootFishFuck'.

Matériel de promotion des Rednecks pour un album jamais sorti, « Chasse-Pêche-Nature & Fellation »

choeur le refrain de notre tube *Line Up Linda*. J'achetai aussi une énorme brosse à chiottes en bois que je comptais brandir pendant la chanson *Drop The Log* (*Coule-z'en un*) – un nouveau morceau sur le thème éternel de la scatologie.

Nous sommes descendus pour le week-end dans un petit convoi, avec le groupe, les copines, les bobonnes, les fans venus de Glasgow. Nous avions tous prévu d'y aller de toute façon, donc le logement gratos auquel nous avions droit en tant que groupe figurant sur l'affiche allait nous permettre de consacrer un peu plus de cash à la bière et au reste. Le festival avait déménagé de son premier emplacement à Hemsby vers le parc à caravanes de Vauxhall, un peu plus proche de la vraie ville, censé offrir le style de vie romano-de-luxe. Mais bien que plus présentable que le vieux béton de Hemsby, la structure des caravanes en étain, contreplaqué et plastique allait se révéler beaucoup moins résistant à un week-end entier de *wrecking* et de style de vie rock'n'roll.

Pour nous c'était devenu presque une habitude: à peine arrivés le vendredi nous avons fait péter les canettes et allumé les pétards. Mais on vint rapidement nous dire que nous étions programmés pour le soir même. Pas franchement un moment idéal vu que la plupart des bus de Londres et les psychos continentaux n'arriveraient que tard dans la nuit. Du coup nous étions sur scène alors que beaucoup déballaient encore leur pyjama ou cherchaient leur caravane.

Mais malgré cette petite déception nous avons joué devant un public certes restreint mais plein d'allant et encore à peu près en forme, et nous y sommes allés à fond car même un dixième de la foule attendue pour le Big Rumble était plus nombreux que l'immense majorité des concerts que nous avions faits auparavant. Par ailleurs, notre psycho-metal-Mac Ladds-punk était un goût acquis plutôt qu'inné et je suis certain que la plupart des Rumblers, à la première écoute, devaient se demander ce qu'on leur infligeait dès leur arrivée sur site pour commencer la première nuit de réjouissances. Malgré tout nous avons eu de bonnes réactions de l'audience et même quelques « Line Up, Line Up » quand j'ai agité mon affiche. Le meilleur moment du set a été quand tous les gars de Glasgow ont débarqué devant la scène (au milieu du set... bande de tire-au-culs!) et ont enlevé leur blousons pour arborer fièrement les mêmes T-shirts avec un lion rampant embabané entouré des mots « Rednecks - Jockabilly » *(Les Rednecks - 'Billy écossais)*. Nous n'avions eu aucun préavis car le Puma Noir les avait fait imprimer et distribuer en secret. De voir une quinzaine de nos potes ainsi accoutrés se démener au milieu de la foule était un vrai stimulant, et nous les avons récompensés en jouant presque toutes les mêmes putains de chansons qu'ils avaient entendues à tous les autres concerts.

Une fois notre set fini, et après avoir essuyé l'essentiel de la sueur qui coulait de nos corps d'athlètes, il y a eu comme une vague impression de soulagement vu que nous avions désormais devant nous tout un week-end, déjà payé, et que nous pouvions désormais nous consacrer à notre passe-temps préféré consistant à atteindre le plus vite possible un degré convenable d'hébétude alcoolique. Cependant, pour dire toute la vérité, le processus a été quelque peu entravé par la présence d'un élément féminin en quantité non négligeable, et plusieurs d'entre nous durent se plier à des contingences matérielles bizarres comme se laver, manger de la nourriture décente ou même (argh!) aller faire une petite ballade en dehors des limites du camping. Plus jamais ça. Un Big Rumble ne devrait être vécu que complètement foncedé pour la durée du festival, n'allant en étroite ligne que des caravanes à la scène. Gardons les autres conneries pour les sorties en famille. J'ai même dû « cuisiner » un repas un jour. Quelle affreuse perte de temps d'imbibation.

Ceci dit l'un des avantages à ne pas avoir été en permanence HS est que j'ai pu rencontrer Del pendant l'une de nos promenades. Il m'a informé que l'un des groupes prévus pour le dimanche s'était désisté et qu'il nous offrait le créneau. Même si c'était l'après-midi, ça nous donnait une chance de toucher une partie du public qui nous avait raté le vendredi soir, et malgré notre paresse bien ancrée, nous étions content de pouvoir nous donner en spectacle quand l'occasion s'en présentait.

Peut-être parce que tout le monde avait derrière soi deux jours de biture, notre concert s'est plutôt bien passé. Nous jouions aux côtés d'un groupe qui partageait notre son un peu plus heavy (mais dans une forme plus accomplie), les Hellbillys. C'était une bande de Yankees plutôt sympas, même quand un type de notre groupe a essayé de draguer une de leurs grognasses. Excellente conclusion pour un week-end passé à picoler, à rencontrer d'autres groupes, et même (tout est possible) à vendre quelques copies du 45 tours des Rednecks. Mais il se révèlerait comme le point culminant de la carrière du groupe et à partir de là, nous avons suivi la ligne de plus grande pente vers les sombres nuages de rancoeur et de fureur qui nous attendaient...

**En pied d'affiche...
avec la crème du Psychobilly européen**

13
CE DONT LE MONDE A BESOIN...
c'est d'un peu moins de bourrins.

COMME DISAIT L'AUTRE (MAIS PUTAIN, QUI est cet autre dont tout le monde parle?) « Toutes les bonnes doses ont une fin » et malgré le « succès » du 45t de Fury (Ouarf ouarf) les Rednecks se dirigeaient vers une fin bien peu glorieuse. Avec du recul, je peux dire que ce fut une séparation à peu près à l'amiable entre les quatre partenaires de cette entreprise, mais la route qui a mené à l'implosion du groupe fut en revanche franchement merdique.

Je suis intimement convaincu que la plupart des groupes de Psychobilly fonctionnent à l'amitié et grâce à l'amour partagé de la musique, ajoutés à l'envie personnelle de chacun de tout donner sur scène. Voyons les choses en face : personne en dehors du dessus du panier psycho ne vivait de la musique. C'est peut être une généralisation un peu abrupte, mais je sais de source sûre que même les membres de certains des groupes les plus connus comme Guana Batz ou Torment, au sommet de leur gloire, avaient un « vrai » job à côté. Quand tu dois te changer pour monter en scène dans les cagoinsses sans lumières du Sir Georges Robey, après en avoir été de ta poche pour venir à Londres, tu as intérêt à être motivé par le fun plus que par le pognon. Si ce n'est plus drôle et que tu te fais chier sur la route, alors laisse béton.

C'est â partir d'un samedi un peu frisquet de janvier 92 que les choses commencèrent à merder. Après la fin des fêtes de Nouvel An dans le grand style écossais, le temps fut venu de s'épousseter et de descendre à Londres pour une petite orgie de psycho, les Klingonz nous ayant réservé leur première partie au club sus-mentionné, le Robey, à Finsbury Park. Cet endroit consistait en un pub traditionnel anglais mais avec une salle à part apparemment réservée à des concerts punk ou psycho. Il pouvait se targuer d'avoir les chiottes les plus sordides de Grande-Bretagne, combinant les intéressantes particularités de n'avoir pas de fenêtre, pas de plomberie, et (souvent) pas de lumières en état de marche. À ma première visite en ces lieux, le noir total régnait et j'ai juste dû pisser là où je pensais que l'urinoir se trouvait. Vu les bruits d'éclaboussures qui montait du sol je n'étais pas le seul à avoir rencontré ce problème. Et après j'ai dû attendre que quelqu'un ouvre la porte de l'extérieur pour pouvoir sortir. Mais à part çà l'endroit était top, proposait régulièrement des événements psychos sur une journée entière (imaginez l'état des toilettes) et permettait de picoler à la fraîche, dans un *Bier Garten* un peu dilapidé, en attendant que les groupes aient fini leurs réglages. L'endroit était également doté d'habitués qui buvaient sec et une fois, un de mes potes s'est fait alpaguer par une quasi-romano qui l'a entraîné jusqu'à sa « caravane » et ne l'a plus laissé sortir pour la durée entière d'une session marathon de jambes-en-l'air.

Ce concert a été à la source de bien des fausses notes, si l'on peut dire, pour les Rednecks. Kev et Stix étaient descendus en train dans la journée. Murray et sa femme avaient décidé d'opter pour l'option chambre d'hôte et j'avais choisi avec Bert, Tripney et Pat le célèbre bus « Glasgow Overnight Express », très bon marché mais plein de demeurés serrés comme des sardines à la sauce sueur. Nous sommes arrivés dans la capitale à six heures du mat' et sommes descendus du bus comme quatre bossus aux yeux de lapins russes. Après une rapide visite à la « Villa Klingonz» nous avons pris le métro pour aller à Kensington visiter les boutiques de disques et de fringues alternatives.

Pendant notre séance de lèche-vitrines, nous avons été abordés par une jeune pétasse qui nous a demandé si nous voulions apparaître comme figurants dans un film à petit budget que sa compagnie tournait le jour même. Le titre temporaire du film était « Le Punk » et elle pensait qu'avec nos vestes en cuir assorties ornée du logo des Rednecks à tête de mort nous ferions l'affaire. Très bien pensé. J'avais toujours été accro à tout ce qui touchait au cinéma et j'ai persuadé les autres d'accepter, alors que j'avais en milieu d'après-midi une séance de réglage au Robey à l'autre bout de la ville.

Nous nous sommes installés dans un bar et avons... attendu. Puis la nana est revenue avec un producteur qui est tombé d'accord pour dire que nous serions parfaits dans le rôle, mais que les techniciens étaient un peu en retard. Il nous a demandé d'attendre, alors on a repris un verre. Deuxième retour de la gonzesse qui nous a amené à leur bureau. Là on pensait que le tournage allait enfin commencer mais non, ils n'avaient que de la bière et des excuses à nous proposer et on a encore attendu. J'étais déjà en retard pour le réglage mais j'ai choisi de rester dans l'espoir fou d'avoir quelques secondes d'immortalité dans un film de série Z. Finalement, après encore d'autres excuses foireuses les autres en ont eu marre et m'ont entraîné de force pour aller remplir mes devoirs musicaux.

En arrivant en début de soirée au Robey à moitié bourré, autant dire que j'ai rapidement constaté que l'ambiance chez le reste des Rednecks était à la mutinerie.

Ils avaient vainement attendu mon arrivée puis avait fait leur réglage qui ne servait pas à grand chose vu mon absence. J'essayai de traiter leur colère par le mépris et de me mettre dans un état d'esprit de pré-concert mais ils ont eu encore plus les boules quand ils ont découvert que j'avais perdu l'essentiel de la journée à poireauter pour un micro-rôle dans un film anonyme qui ne mènerait à rien. En dépit de cela le concert s'est à peu près bien passé et immédiatement après, je disparus encore une fois avec Tripney, Bert et Pat dans la compagnie un peu plus chaleureuse des Klingons et de leur fans. C'était une erreur tactique majeure, vu d'aujourd'hui, et une décision stupide qui mettrait le feu aux braises de la rébellion qui couvait chez les autres membres du groupe. L'occasion suivante, que je ne ratai pas, de les mettre en rogne se présenta quelques mois plus tard, alors que nous étions un fois de plus programmés pour le Billy's à Stoke, en soutien des Demented et des Coffin Nails. J'ai fait le trajet dans le van avec Kev, Stix, tout le matos ainsi qu'une de mes connaissances féminines. Murray avait une fois de plus préféré un voyage plus confortable avec sa femme et un autre couple tandis que Big Bert et Tripney se téléportèrent dans la Bertmobile. La raison pour laquelle nous ne pouvions pas nous serrer tous dans le van comme au bon vieux temps m'échappait, mais apparemment un certain nombre de gens avaient désormais besoin d'éléments de luxe dépravé comme des lits et des douches. Et même moi en l'occurrence, puisque j'étais accompagné par un représentant de l'espèce féminine. Nous étions censés rencontrer les autres couples pour une réservation commune dans un Bed & Breakfast. Seuls Kev et Stix collaient héroïquement au bon vieux plan A/B, qui se terminerait comme d'hab' par un échec et une nuit de plus dans le van. Tripney et Bert avaient commencé à boire donc je me suis cru obligé de m'y mettre aussi par politesse. Les verres se vidaient, les tournées tournaient, et au moment où Murray et les autres arrivèrent enfin, ils avaient l'air furieux de m'avoir attendu une fois de plus au B&B pour la réservation. Sa femme et moi avons immédiatement commencé à nous engueuler, mais Murray intériorisait et ne faisait rien d'autre que de me lancer des regards menaçants.

Je savais que Murray avait un sale caractère et je m'attendais à ce qu'il m'envoie au moins un pain avant le réglage mais rien ne se passa, et j'ai cru que tout était arrangé quand ce fut l'heure du concert. Et je continuais à picoler en me foutant royalement de tout ; le concert se déroula dans un léger brouillard fait d'un cocktail d'alcool et de pur bonheur (pour moi). Je ne me souviens que du type qui vendait les badges des Rednecks et des deux excellents shows des Demented et des Coffin Nails. Mais alors que nous repartions le lendemain vers le camp de base, des murmures moroses laissaient entendre que les roues de la caravane Rednecks commençaient à partir en couille.

En mai 1992, l'histoire des Rednecks prit fin, pas vraiment avec un grand bruit de franchissement de mur du son comme nous l'avions espéré, mais plutôt avec le sourd beuglement d'un gigantesque pet foireux.

Tower Records était la plus grande boutique de disques d'Écosse et était connu pour organiser des mini-concerts avec des groupes majeurs comme Bon Jovi, Wet Wet Wet, Kiss ou Danzig. En tant qu'employé de la boutique, j'avais bien l'intention de rajouter les Rednecks à cette illustre liste et de tenter une opération majeure de marketing pour nos quinze centimètres turgescents (de vinyle). Et en plus je savais que les groupes qui jouaient là avait droit à un flot d'alcool gratos et que cela signifiait une demi-journée sans bosser.

Comme notre société de prod avait par ailleurs organisé un concert des Klingonz à Glasgow un vendredi soir, j'en ai profité pour leur demander s'ils souhaitaient enchaîner par un show à la boutique, avec nous en soutien. Je voyais ça comme l'occasion de faire découvrir le Psychobilly gratuitement aux clients habituels grâce au son et à la performance en scène assez unique des Klingz. Ils étaient d'accord donc j'ai tout mis en branle, commandé tous leurs albums pour les mettre en vente le jour dit et commencé à faire de la pub pour cet événement culturel de première bourre.

C'est bien ça qui semble avoir causé l'implosion des Rednecks, ou plutôt qui a été la goutte d'eau en trop dans le vase. L'organisation de ce concert donnait l'impression d'avoir été un effort en solo, et c'était vrai puisque j'avais plein de temps (dans mes heures de travail !) pour bosser sur le projet. Mon erreur était que je n'avais pas pris la peine de vraiment « consulter » le reste du groupe avant de m'y mettre. Surtout parce que je ne voyais aucunement le besoin d'une putain de « consultation », croyant que deux concerts, un week-end avec les Klingonz et des boissons gratuites suffisaient largement à justifier la chose. Mais tous n'étaient pas d'accord avec moi. Murray était partant, mais Kev et Stix pensaient que le mini-concert au magasin était une idée bidon. OK, j'avais organisé le tout sans leur demander quoi que ce soit au préalable, mais encore une fois je pensais qu'ils sauteraient sur l'occasion de déployer leurs talents de rockers même si c'était dans l'après-midi. Je me suis retrouvé avec la perspective de devoir assurer le concert sans guitare ni batterie (après avoir déjà averti tous nos innombrables fans), mais j'ai réussi à les persuader de jouer quand même. Et puis, pendant les répètes en fin de semaine, des problèmes et des récriminations supplémentaires ont surgi : comme le concert aurait lieu samedi après-midi il fallait adapter notre set à tous les âges et donc il était hors de question de jouer *Handjob Baby*. Les Klingonz quant à eux jouaient et juraient si vite que leur paroles passeraient loin au dessus de la tête des auditeurs. Toujours est-il que dans le camp Redneck la merde volait très bas et laissait un vilain arrière-goût.

Et les concerts arrivèrent, après un manque évident de communication interne et une litanie de plaintes pendant la préparation et la mise en place du matos. Vendredi soir nous jouions avant les Klingz à un club appelé le Nice'n'Sleazy. Excité comme j'étais et (une fois de plus) déjà alcoolisé, j'ai à peine remarqué que Kev et surtout Stix avaient l'air un peu désillusionnés. Ils avaient eu leur dose, mais j'ai continué à faire la fête avec les Klingz et les psychos de Kilsyth et d'Easterhouse.

Dernier concert «live» des Rednecks, en 1992, dans la boutique... « It's all over now »... Yes it is !

Et puis... Voilà ! Le concert au magasin fut le dernier clou dans le couvercle du cercueil. Il s'était bien passé en lui-même, du moins le croyais-je, alors que nous bondissions sur une scène temporaire devant de nombreux psychos et quelques clients normaux plus ou moins abasourdis. Je hurlais pendant deux chansons avant de m'apercevoir que mon micro était débranché (sabotage?), puis nous avons quitté la scène pour laisser place à une petite gâterie des Klingonz pour l'heure du thé. Ils ont laissé la populace dans tous ses états avec leur incroyable son et lumière, mélange de décadence visuelle et de « Klingabilly boogie ». J'étais sur un nuage après avoir joué deux concerts en un week-end sans avoir vraiment débourré entre les deux. Mais Kev et Stix ont remballé leurs affaires après le show et sont rentrés direct chez eux. Si j'avais su que ce concert allait être notre dernier, j'aurais peut-être pondu un discours ou une courte déclaration, mais est-ce que ça n'aurait pas sonné trop show-bizz ? De toute façon les Rednecks n'allaient manquer à personne et moi je voulais juste continuer à jouer.

14
LA VIE EST UNE TARTINE DE MERDE
qu'il faut avaler en riant

N EFFET, MALGRÉ LA FIN EN EAU DE BOUDIN de la flamboyante épopée des Rednecks, je n'avais aucune envie d'arrêter. Or après ce double concert fatidique en mai 92 qui a marqué notre fin, nous avions encore une date de prévue en support des Klingonz au Robey. J'appelais les organisateurs pour leur expliquer que le groupe avait subi un changement de nom mais que nous honorerions quand même nos engagements. Puis je me suis mis au boulot pour former un nouveau groupe en quatrième vitesse.

Kev était (temporairement) hors jeu et Stix nous avait quitté pour toujours, mais malgré notre petit différend au cours du dernier concert au Billy's, Murray et moi étions resté en contact et avons rapidement décidé de repartir sur les bases d'un groupe au son Trash Eighties/Garage Punk sixties. Nous avons pris à bord un nommé Stu Cairns à la guitare, que nous connaissions comme Psychobilly des tous débuts du mouvement à Glasgow. Mais il était rapidement revenu à ses premières amours lycéennes, c'est à dire le Ska Two-Tone, Madness et le look skin, pour terminer par chanter et jouer de la gratte dans un groupe de Oï londonien. Puis il était passé par une phase Sixties et s'était laissé repousser une magnifique tignasse en bol à la Beatles ; il jouait sa guitare avec un son riche en effets reverb'. En second guitariste, nous avions aussi Mark, un jeune mod que Murray nous a trouvé via une connaissance à Kilbride. Mark était un peu rouillé au départ mais pour moi l'enthousiasme et la passion ont toujours été plus importants que la compétence technique. Enfin, pour les peaux nous avons dégoté Yoker Ian, un as de la batterie qui avait déjà joué pour plusieurs groupes rockab' et psycho locaux et jouait même régulièrement du rock'n'roll dans la rue, et n'avait donc pas de problèmes à l'idée d'un kit de batteur minimaliste. Notre équipe était au complet, prête pour une orgie de Punk Garage, et fut subtilement baptisé The Salem Dragsters[28].

À peine avions nous réussi à tomber d'accord sur une liste de chansons à jouer en concert qu'il fallut partir pour Londres. Mais là encore la logistique faillit ne pas suivre. Stu était à Londres, Yoker en Allemagne pour une raison inconnue, et les trois autres membres du groupe descendirent par le train de nuit avec le Puma Noir. En arrivant nous n'avons pas eu trop de mal à retrouver notre guitariste mais Yoker était apparemment coincé sur le continent avec le groupe de rockabilly de Glasgow, les Cottonfields Boys.

Je pense que la plupart des groupes ne seraient pas partis de chez eux sans batteur mais comme toujours nous avons laissé le destin régler notre problème. Nous nous sommes pointés pour le réglage, sans batteur, heureusement Mocker des Klingonz a proposé de nous aider et après avoir écouté quelques unes de nos chansons il s'est assis derrière les fûts comme invité d'honneur. Grâce à lui le show s'est bien passé mais était, c'est compréhensible, un peu court. L'esclavagiste de la prod s'arrachait la

---

[28] Salem, ville des États-Unis célèbre pour le procès en sorcellerie qui y eut lieu en 1692, et fut suivi de l'exécution de 25 condamnés. Dragsters : jeu de mot subtil entre les voitures dédié au sport américain très viril du *drag racing* et *drag,* ou déguisement féminin.

perruque devant la brièveté du concert et nous a renvoyé sur scène pour rejouer plusieurs de nos chansons, que le public, déjà bien allumé, accueillit chaleureusement quand même. Et puis ce fut direction le Bier Garten pour la bière et l'acide. les Salem Dragsters étaient donc officiellement nés, même si notre batteur légitime était bloqué dans une station service sur une autoroute germanique à mâcher de la saucisse (probablement).

**Les Salem Dragsters, version II (1993) :
(de g. à d.) Bracko, Mark, Murray & Yoker Ian**

Malheureusement, bien que les Salem fussent sans doute le meilleur groupe que j'ai mis sur pied, nous n'avons jamais vraiment réussi à passer la vitesse supérieure. L'une des raisons principales pour ce fait était ma paresse croissante en ce qui concernait la vie du groupe. Malgré le succès très relatif des Rednecks, j'avais le sentiment d'avoir eu avec eux ce que je désirais depuis que j'étais môme, c'est à dire avoir mon nom sur un vinyle sans avoir à payer pour ça. Aujourd'hui, cette étape ne représente plus grand-chose pour plein de nouveaux groupes indés qui peuvent graver leurs CDs dans leurs salons et sortir des singles et des albums avec une terrifiante régularité. C'est peut-être très bien pour faire sa promo, mais j'ai toujours tendance à penser qu'avoir quelqu'un qui à suffisamment foi en votre groupe pour investir et presser un album officiel représente un succès bien plus important (Dieu bénisse notre Oncle Del !). Du coup, après la sortie de notre 45 t le reste n'avait plus pour moi le même attrait... Voilà la différence entre les rockers à la petite semaine et les vrais musicos qui se fixent en permanence de nouveaux objectifs à atteindre pour leur carrière musicale.

Je m'étais toujours donné à fond en concert mais passer des heures à répéter et à écrire des nouvelles chansons tourna vite au calvaire. Et comme c'était moi malgré tout qui était le moteur pour tout cela, pour dégoter des engagements et pour faire la promo, notre assemblage commença à connaître de fréquents ratés. Des concerts rares et des répètes irrégulières ne plaisaient pas à tout le monde et les Salem Dragsters connurent de fréquents changements de substance.

D'abord ce fut Stu Cairns qui laissa Mark se démerder tout seul à la gratte. Kev le Perv', ancien des Rednecks, nous rejoignit alors, oubliant nos anciennes querelles, et bientôt Mark lui-même déménagea vers Londres. Puis ce fut au tour de Yoker Ian de passer sous le radar, laissant les Salem Dragsters constitué en tout et pour tout des trois quarts du personnel des Rednecks, ce qui n'incitait pas à l'optimisme pour notre futur professionnel. Ce fut un de mes collègues de travail, Andy « Point G » qui prit la place du batteur. Andy était un jeune mod fan de *freakbeat*[29] qui nous permit de renforcer le son sixties de l'ensemble, et avec Kev qui était au mieux de sa forme, c'était le groupe le plus au points devant lequel j'avais l'honneur de hurler depuis nos misérables débuts dans les Evil Doods. Nous avons peaufiné notre set pour une demi-heure du meilleur psycho-sixties-garage-punk-gravosbilly, avec un mélange de créations originales décentes, de quelques uns des meilleurs morceaux des groupes précédents, et de reprises des pépites du répertoire Trash. Mais encore une fois, l'élan se brisa, et à part un excellent concert en support des Tenpole Tudor, nous sommes retombés dans le cycle infernal du circuit de Glasgow qui consiste en d'innombrables soirées avec trop de groupes anonymes à l'affiche se battant pour un public raréfié et un demi-réglage acceptable. En cinq ans nous avons joué une moyenne de un ou deux concerts par an... et puis les choses se sont encore plus assoupies. Le groupe ne s'est jamais dissous et nous sommes tous restés de bons amis, alors peut-être que, quelque part dans les brumes du temps, nous pourrions de nouveau sortir de notre retraite pour infliger notre furie *garage* à de pauvres spectateurs innocents. En attendant, tout ce qui reste pour les générations futures est un CD de démo à deux chansons, et une vidéo qui nous montre en train de nous livrer à une pantomime frénétique dans une station-service abandonnée juste en dehors de la ville de Shotts. On ne fait pas plus plouc !

Page suivante :
matériel de promotion des Salem Dragsters, 1994

---

29 Terme désignant des groupes anglais de la seconde moitié des années 60, à la croisée du British Beat et du psychédélique.

Early Salem Dragsters promo material, 1994.

15
L'APOCALYPSE

PARALLÈLEMENT À LA LENTE PLONGÉE DANS LES ABYSSES de la carrière des Salem Dragsters, mon style de vie psychobilly (puisqu'il faut bien lui donner un nom) se délitait peu à peu. Au milieu des années 90, je commençais à ne plus suivre les multiples directions que prenait le genre et voyageais de moins en moins pour me rendre aux concerts ou aux festivals. Mes potes eux aussi dérivaient doucement, sous l'effet et l'influence conjuguée des exigences professionnelles et des femmes et petites amies, alors même que la calvitie s'en prenait avec plus ou moins de vigueur à leur coupe de cheveux. J'en ai été moi-même une victime précoce, et même si ma banane n'a jamais été glorieuse, elle a rapidement régressé vers un court tremplin, puis vers le crâne rasé et finalement vers le port permanent de la casquette. En réaction j'arborais diverses variantes perpétuellement changeantes de barbes et de favoris.

Ainsi mes « moments psycho » devinrent de plus en plus rares à partir de cette époque-là. De temps en temps nous allions à Londres pour visiter la « villa » des Klingonz. C'était une version psycho et déjantée de l'appartement des « Branchés débranchés », avec quasiment les mêmes magazines de cul dans les chiottes comme dans l'original. En retour je les accueillais de temps en temps chez moi après leurs concerts à Glasgow, mais de toute façon je devais planquer ma collec de pornos vu que j'avais une copine à domicile (ou pour éviter qu'ils crachent leur purée dessus).

Un autre visiteur de mon petit paradis de béton a été le grand P. Paul Fenech. Un jour où les Meteors ont débarqué en ville avec mon pote Raymie à la batterie, nous leur avons offert le gîte et le couvert dans cette jungle urbaine de Cumbernauld. Paul, sa femme Michelle et quelques fans du Kattle couchèrent chez moi tandis que le reste du Krew alla chez Raymie. Tout se passa très bien, ils furent des invités formidables même si j'avais la pétoche d'accueillir chez moi la légende vivante, le type qui avait tracé la voie que j'avais suivi comme un ado boutonneux toutes ces années auparavant. Ce n'est pas vraiment à Cumbernauld, un endroit que personne ne visite d'habitude sans y être contraint et forcé que vous vous attendez normalement à retrouver le Parrain du Psychobilly.

Après le passage des Meteors cette fois-là, l'Écosse sembla sombrer hors de la carte pour ce qui concerne les groupes psycho dans leurs tournées. Et Hemsby ou Yarmouth étaient les seuls endroits où l'on pouvait encore espérer trouver suffisamment de groupes psycho pour justifier un long voyage vers le Sud. Le dernier week-end que j'ai passé là-bas avec plusieurs potes de Glasgow fut le 7e Big Rumble. Ce fut un grand moment de musique et de rencontre avec d'autres groupes et leurs copains, dont un gars surnommé Big Motty qui semble avoir passé son week-end entier à vivre, boire et loufer dans notre caravane (sans compter les vitres cassées).

La scène à Glasgow était quant à elle complètement morte, mais ses vétérans se retrouvaient fréquemment dans des concerts punk organisés dans quelques clubs comme Nice'n'Sleasy, The 13th Note ou le Wah Wah Hut. Ces dernières années, les concerts des Cramps lors de leurs rares tournées européennes ont servi de soirées commémo pour tout les rockers. La flamme du Rock'n'Roll en Écosse a été gardée par des groupes de rockabilly plus traditionnels comme King Voodoo. Kenny Mitchell, un ancien des Termites, a continué avec un groupe au son plus punk que psycho appelé Ninebar, mais il y a quelques années il a réuni les Termites pour une tournée unique dont le premier concert se déroula à Glasgow et fut absolument excellent. Ils y confirmèrent leur place de « Rois du Psychobilly écossais » et tant d'anciens psychos de Glasgow y assistaient que j'en ai presque eu la larme à l'oeil.

Ç'aurait pu être la fin de l'histoire pour moi si le destin ne m'avait pas joué un tour bizarre. En 2002, alors que j'étais derrière mon stand de disques et de souvenirs dans un marché aux puces de ma nouvelle ville adoptive, je repérai un grand type qui passait rapidement sur tous les disques à un autre stand. Ses cheveux étaient rabaissés mais à un oeil exercé comme le mien, cela ne suffisait pas à dissimuler le psychobilly. Je sortis rapidement l'une des copies du disque des Rednecks de sa pochette (et oui, j'essaie toujours de les fourguer... ils encombrent encore mon loft) et le posai en évidence devant mes rayons. Il le remarqua et la conversation s'engagea, à propos de groupes, de salles et de concerts et il fut vite évident que nous avions du nous croiser dans plusieurs concerts. Malc avait été psycho pendant de longues années et avait comme beaucoup aussi partagé le même goût pour le Garage et le Trash. Il me raconta que la région des East Midlands avait été riche en groupes psycho à une époque, et que le Porterhouse à Retford avait été une salle de concert importante dans le circuit même si aujourd'hui elle a été convertie en un palace disco de plus (les putains de grippe-sous ont quand même laissé en place l'ancienne enseigne). J'évoquai alors un de nos copains avec lequel nous avions passé pas mal de temps dans les concerts en Angleterre, qui était un

Écossais nommé Shug, expatrié depuis quelque années dans le coin. Il s'avéra que lui et Malc se connaissaient bien depuis longtemps et qu'ils se livraient encore à quelques parties de *wrecking* avec un troisième lascar, Slinger.

Nous nous sommes réunis tous les quatre un peu avant Noël 2002, et ce fut un bonheur pour moi de constater que dans mon exil loin de Glasgow je pouvais encore tomber sur des fidèles du Psychobilly. Dix ans après les grands jours des Big Rumble, se retrouver à quatre psychos à picoler en ville constitua une piqûre de jouvence salvatrice. Mais malheureusement, eux trois avaient pu conserver leur magnifique tremplin en pleine santé alors que je devais me contenter de ma boule à zed et de mes favoris. Et quelques mois plus tard, toujours avec eux, j'étais encore plus surpris de trouver une scène psycho, petite mais bien vivante, au cours d'un concert des Nekromantix à Leicester au Charlotte's. Ils étaient en tournée de promotion de leur dernier album, paru sur quelque chose qui ressemblait presque à un label majeur, Hellcat Records.

Tout vient à point à qui sait attendre ! Je sentais que ceux qui avaient permis la survie du mouvement psycho étaient ceux qui avaient continué à acheter des disques, à aller aux rares concerts, ou qui avaient continué à sortir un son d'enfer dans leurs groupes certes nombreux mais éparpillés. Quelques promoteurs, les fanzines et quelques compagnies de disques comme Nervous, Raucous ou Spindrift avaient persévéré pendant toutes les années maigres. Et tant mieux parce que personne ne les aurait aidé puisqu'il n'y avait pas vraiment un rond à se faire dans cette aventure. La scène Psychobilly n'a toujours été que l'apanage de ceux qui étaient vraiment dans la musique et dans le style. Les majeures qui avaient éventuellement tenté d'y tremper un orteil au tout début s'étaient rapidement retirées quand elles avaient constaté qu'elles ne pourraient pas appliquer là leurs méthodes habituelles consistant à exploiter au maximum le mouvement pour de l'argent facile avant d'abandonner le tout sans vergogne, comme elles l'ont fait pour le baggy, le grunge ou la Brit-pop.

On ne peut que mettre au crédit du Psychobilly d'avoir constamment avancé sans bénéficier aucunement, pendant deux décades, d'une quelconque publicité. Sans vouloir lancer de rumeur de complot, peut-on me dire quel autre mouvement musical a été si obstinément ignoré, et souvent méprisé, par la presse musicale au Royaume-Uni, et ce pendant si longtemps ? Aujourd'hui certes des magazines comme Kerrang ! embrasseraient avec bonheur les fesses de n'importe quel groupe des écuries Hellcat ou Epitaph, même ceux qui ont repris le flambeau du psycho, mais si dans les années 80 vous leur aviez demandé de faire une critique objective d'un album de Psychobilly, ils auraient arraché leurs permanentes new-wave sous l'effet de l'indignation. Il n'y a eu que Sounds, à l'époque, qui s'est permis de faire une couverture à peu près sérieuse de Psycho et du Trash, y compris deux couvertures légendaires avec les Meteors puis les Sting-Rays. Mais Sounds bouffe les pissenlits par la racine depuis longtemps. Ce sont les fans eux-mêmes, qui, Doc ou creepers aux pieds, marchent sur la voie et promeuvent depuis toujours le genre avec leurs fanzines, les magazines indés et plus récemment, avec d'excellents sites internet.

Je me contrefous de savoir si le business musical mainstream s'intéresse ou non au Psycho, mais le fait est que beaucoup de grands groupes britanniques n'ont pas eu droit à leur chance, et s'ils avaient eu ne serait-ce qu'un minimum de présence sur les télés, les radios ou dans la presse, le public aurait pu constater de lui-même qu'à l'époque le Psychobilly était non seulement très innovant, mais surtout très excitant. Et si aujourd'hui les Américains ou les Australiens sont capables d'investir dans le Psychobilly à grande échelle, pourquoi les pontes du business dans ce pays ne peuvent-ils pas se tire un minimum les doigts du cul et signer pour autre chose que des groupes de rocks constitués de mickeys dépressifs ou de gamins au cul serré sortis d'écoles privées ?

Si ça ne tenait qu'à moi, les pionniers britanniques du Psycho seraient aujourd'hui en train de se dorer la couenne près de la piscine de leur villa à Los Angeles, comptant d'un doigt négligent les liasses de billets de leurs royalties et sirotant leurs margaritas tandis que de pulpeuses créatures pratiqueraient leurs exercices de fitness autour de leur perche. Le tout sur une bande-son psycho assez forte pour emmerder les voisins. Ils le méritent.

De façon surprenante, la scène semble être bien plus active internationalement qu'elle ne l'est au Royaume-Uni, le lieu de sa naissance et de ses jeunes années. Après le travail de défrichage des premiers groupes britanniques, suivis des Européens et plus tard de quelques Américains (salut à Mad Sin, Batmobile, Nekromantix, les Hellbillys), l'épidémie s'est répandue tout autour du monde même dans les coins les plus improbables de la planète, comme l'Amérique Latine, l'Australie ou le Japon. La scène US semble particulièrement riche, avec le spectre du psycho présent dans chaque État. Sans doute alertés par le succès du Reverend Horton Heat, des labels plus importants comme Epitaph et Sub Pop se sont enfin décidé à investir sur des groupes influencés par le psycho. Les rockers Australiens The Living End sont même apparus sur Warners, les géants de la musique qui étaient plus habitués à nous abreuver de groupes nettement plus soporifiques en provenance des Antipodes, comme Simply Red ou Chris Rea. Au début des eighties une compagnie comme Warners aurait fait dans son froc à l'idée d'un groupe comme les Meteors rentrant dans les bureaux pour « discuter affaires » ou se seraient pissés dessus de trouille en apprenant que King Kurt risquait de déclencher une bataille de bouffe dans leur cantine. Pour ce qui est des concerts, les promoteurs aux Etats-Unis ou sur le continent européen ne semblent pas avoir de problème pour attirer suffisamment de clients payants à des festivals avec des groupes psychos locaux.

Tout ceci laisse prévoir, en croisant les doigts, une renaissance majeure du Psychobilly en Grande-Bretagne — à condition qu'une nouvelle génération ose reprendre le flambeau. Car après tout, si les ados d'aujourd'hui peuvent être assez naïfs pour remettre en branle cette veille institution britannique fatiguée qu'est le Goth, alors tout est possible ! Mais bizarrement les gamins, et de façon aussi étonnante les compagnies de disques, semblent avoir tendance à regarder de l'autre côté de l'Atlantique pour leur inspiration plutôt que de fouiller dans les malles au trésor du rock'n'roll local. Si les jeunes Britanniques trouvent que l'attitude bidon de Limp Bizkit est sauvage et dangereuse, branchez les sur les Meteors pour la menace authentique. Et pourquoi ne pas gaver de force avec du Demented Are Go à haute dose la génération actuelle qui croit que Tiger Army est l'alpha et l'omega du Psychobilly ?

Quoi qu'il en soit le phénomène global qu'est le psycho de nos jours est un progrès fantastique pour cette musique mais tout le monde devrait reconnaître et saluer les pionniers britanniques du genre qui se sont cassé le cul à force de tourner et d'enregistrer en tirant le Diable par la queue pour faire naître et vivre notre son unique. Amen, mes frères et mes soeurs !

Quand les gens disent « gardez la foi » ça veut dire quelque chose. J'ai peut-être, au cours des dernières années, été plus ou moins proche de la mouvance mais mon coeur est resté psycho. Il y a des milliers de types partout dans le monde qui ont été bien plus fidèles que moi (et ont surement des histoires encore plus dépravées à raconter)... Mais le Psychobilly a façonné mon attitude envers la vie et mes goûts musicaux de façon si durable que je pourrais jamais l'oublier ; la plupart de mes copains et connaissances d'aujourd'hui remontent encore, d'une façon ou d'une autre, à mon passage sur la scène psycho. Même en approchant inexorablement de la quarantaine, quelques classiques comme *Wrecking Crew, Holy Hack Jack* ou *Curse of the Coffin*[30] restent plus excitants que n'importe quoi d'autre. Un bon morceau de psycho ou de trash à fond les ballons me replonge toujours instantanément dans l'ambiance et je me remets à pratiquer un *wrecking* sauvage devant la glace comme un crétin complet. Il y a tant de ma vie qui y est inexorablement lié, que d'évacuer le Psychobilly comme une simple une étape de ma vie ou pire, une crise d'adolescence vite oubliée serait d'une monumentale connerie. Tout remonte à ce premier aperçu des King Kurt à la télé et à ma première chasse au trésor pour dénicher le premier album des Meteors... Je ne souhaite qu'une chose, que le Psychobilly obtienne la reconnaissance qu'il mérite comme l'un des genres majeurs de la musique alternative des deux dernières décennies. Et peut-être qu'enfin, ce moment est juste derrière le coin de la rue...

---

[30] Tubes respectivement de : The Meteors (1983), Demented Are Go (1986) et de The Nekromantix (1991), groupe danois de la seconde vague.

ÉPILOGUE

par Bracko

(2003)

Tout ce livre a été tapé pendant les rares moments de libre dont je dispose depuis la naissance de mon fils en 2001. Il n'est donc, peut-être, ni aussi long ni aussi détaillé qu'il aurait pu l'être, ou que je souhaitais qu'il soit. Une autre raison pour les oublis et omissions est ma mémoire un peu brouillée, due au fait que j'étais en permanence bourré ou défoncé pendant l'essentiel de ma période Psychobilly, et bien trop à l'ouest pour songer à garder une quelconque trace de tous les événements. Je tiens à présenter mes excuses aux lecteurs pour ces souvenirs confus, mais voilà quand même l'objet ! Mieux vaut tard que jamais !

(2014)

Jusqu'à ce qu'Alexis me contacte en me proposant de traduire « Let's Wreck », je n'avais pas rouvert ce bouquin depuis presque une décennie. C'est quasiment de l'histoire ancienne... Mais j'ai bien pris mon pied en le relisant, et je suis toujours heureux qu'il ait pu lancer ma carrière d'auteur. Il a en effet mené directement à mon contrat avec les éditions Cherry Red Books qui ont publié en 2007 mon Histoire plus détaillée (mais moins personnelle) du Psychobilly, « Hell's Bent On Rocking ».

Le livre a été écrit pendant une phase creuse du mouvement Psychobilly. Je salue tous les Psychos du monde entier qui ont gardé la foi et soutenu les groupes, ainsi que les quelques promoteurs qui ont tenu le genre à bout de bras pendant les « temps morts » de la fin des années 90, jusqu'à son renouveau et sa ré-émergence au XXIe siècle. Plus de dix ans après la rédaction de ces « mémoires » et plus de trente ans après ses débuts, il ne s'est jamais aussi bien porté qu'aujourd'hui, en 2014 !

Le Psychobilly est l'hydre musicale de notre époque, la bête qui ne peut mourir !

KEEP WRECKIN' !!!

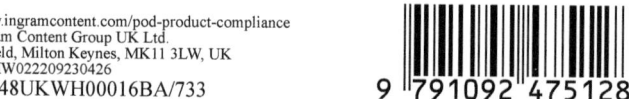

www.ingramcontent.com/pod-product-compliance
Ingram Content Group UK Ltd.
Pitfield, Milton Keynes, MK11 3LW, UK
UKHW022209230426
12048UKWH00016BA/733